Zu diesem Buch

War Kurt Tucholsky, der Mann mit den «5 PS», ein einziges Pseudonym – auch für das Deutschland der Weimarer Republik, das er geißelte, weil er es liebte? Zu fragen ist, wieweit die unzähligen Facetten des Spielerischen wie Bösartigen, Frivolen wie Militanten nicht ausnahmslos Splitter der Existenz Kurt Tucholskys waren. Ein großes Versteckspiel hinter Figuren, Charakteren und Sprechweisen, die vielleicht alle Schichten eines Menschen gewesen sind, die er nicht erfand, sondern in sich vorfand; denen er Klang und Sprache gab. Lottchen und Wendriner in einem.

Fritz J. Raddatz, geboren am 3. September 1931 in Berlin, ist Professor für Neuere Deutsche Literatur an der Universität Hannover und Kulturkorrespondent der Hamburger Wochenzeitung «Die Zeit». Zu seinen im Rowohlt Verlag erschienenen Buchveröffentlichungen zählen die Biographien «Karl Marx» (rororo Nr. 8324) und «Heine» (rororo Nr. 8353), die Essaybände «Geist und Macht» (rororo Nr. 8551), «Eros und Tod» (rororo Nr. 8550) und «Revolte und Melancholie» (rororo Nr. 8552), die drei Bände «Zur deutschen Literatur der Zeit» (rororo Nr. 8447/8448/8449, als Kassette Nr. 8450), die Erzählung «Kuhauge» (rororo Nr. 12550), «Pyrenäenreise im Herbst. Auf den Spuren Tucholskys» (1985), «Lügner von Beruf. Auf den Spuren William Faulkners» (1987), «Die Wirklichkeit der tropischen Mythen. Auf den Spuren von García Márquez in Kolumbien» (1988), die Romane «Der Wolkentrinker» (rororo Nr. 13054) und «Die Abtreibung» (1991) sowie der von ihm herausgegebene Band «Mohr an General. Marx und Engels in ihren Briefen» (rororo Nr. 8325).

Fritz J. Raddatz

TUCHOLSKY EIN PSEUDONYM

Essay

Rowohlt

Veröffentlicht im Rowohlt Taschenbuch Verlag GmbH,
Reinbek bei Hamburg, November 1993

Quellennachweise und Namenregister
siehe Seite 141 ff.
Umschlaggestaltung Klaus Detjen
Gesamtherstellung Clausen & Bosse, Leck
Printed in Germany
1490-ISBN 3 499 13371 7

Daß ich mein Leben zerhauen habe,
weiß ich.

Kurt Tucholsky an Hedwig Müller
19. Dezember 1935

Das Lottchen heißt nicht Lottchen, Malzen nicht Malzen, Nuuna nicht Nuuna und Kurt Tucholsky selten Kurt Tucholsky – er hat viele Namen; den eigenen zählt er zu seinen Pseudonymen: als er 1927 den ersten Sammelband seiner Arbeiten für den Rowohlt Verlag zusammenstellt, nennt er ihn «Mit 5 PS». Doch die durch die «Weltbühne» bekannten – Peter Panter, Ignaz Wrobel, Kaspar Hauser, Theobald Tiger – sind nur vier. Auch Arnold Zweig schreibt in seinem Nekrolog-Brief an den toten Gefährten, Januar 1936, von «Ihren fünf Pseudonymen». Kurt Tucholsky – ein Pseudonym?

Tucholskys Vexierspiel mit unzähligen Kose- und Codenamen gleicht dem Illusionstrick eines Zauberers, der seinen Schatten auflecken will; «ach, wie gut, daß niemand weiß...»: Nungo und Nangel, Fritzchen und Peter unterschreibt er seine Briefe. Das mag ein Spiel gewesen sein. Aber noch heute, 1989, kursieren Chansons eines ominösen Erich Franz Glaser – vertont zumeist von Rudolf Nelson –, die ein großer Musikverlag als Tucholsky-Texte vertreibt; im Sprachrhythmus und im kabarettistischen Einfall sind sie «bester Tucholsky», und dennoch wissen wir nicht, ob sie je von ihm signiert oder autorisiert wurden. Verwirrender noch: Es *gab* einen Nelson-Mitarbeiter namens Franz Glaser – hat der auch (schon 1915) für Tucholsky gearbeitet, hat Tucholsky umgekehrt dessen Namen geliehen?

Das Rätsel Tucholsky beginnt sich ganz früh zu verknäueln. Er hat zeit seines Lebens die Antwort auf die erste Frage eines Kindes im Sandkasten, «Wie heißt du?», verweigert; also sich. Und er stellt stets zwischen sich und die Menschen, mit denen er zu tun hat, Glaswände – mal das hell blitzende Kristall ironischer Koketterie; mal das dunkel getönte der Melancholie. Das Glas ist durchlässig nur für Töne – die lauscht er ab; daher die geradezu perfekte Tonalität seiner Texte, ob aggressives Bänkellied, erotisches Chanson oder «Lottchen»-Monolog. Das Glas ist undurchlässig für Berührungen – die wehrt er ab; daher die Unfähigkeit, epische Prosa zu schreiben. Wer Menschen als Figurinen sieht, kann wohl ihre Bewegungen oft besonders scharf erfassen – so präzise und entfernt wie durch das umgekehrte Fernglas. Wer Menschen so beschreibt, kann sie im Ballett der Worte fixieren. Aber er nimmt an ihnen nicht teil; er bringt sie nicht in Zusammenhang – den große Prosa will. «Meine Telligenz reicht gewöhnlich dazu, die Banalität von morgen zu produzieren», sagt Tucholsky, aber: «Das Epische habe ich nicht. Die Meyer erzählt, ihre Nichte lasse sich von ihr stundenlang Geschichten erzählen, zweieinhalb Jahre, und wenn eine fertig ist, muß eine neue anfangen. Und dann sagt die Kleine immer: ‹En till!›, das heißt: Noch eine. Das sind die zwei Zauberworte der Epik, von Homer bis Vicky Baum und Dekobra. Das habe ich leider gar nicht.»

Das Spiel mit den Namen nimmt den Menschen ihre Identität und macht sie austauschbar. Seine erste Frau Else Weil wird nach einer Romanfigur von Heinrich Mann Claire Pimbusch getauft, und die Freundin

Grete Wels heißt Walfisch. «Liebe Fritzi, nein, Du heißt ja Hanna, liebe Amalie», steht in einem Brief an Nuuna, die Hedwig Müller hieß; «Der Gartenzwerg schreibt, der Dienstbotenernschtl habe sich [...] Der Memoirenschreiber geht nach [...]» in den Q-Tagebüchern. Keineswegs sind das nur Tarnnamen für Hellmut von Gerlach, Ernst Toller und Walter Hasenclever, weil im Jahre 1935 die Wege der Post unsicher waren – es sind auch Entfernungsrituale; in einem Augenblick, in dem Tucholsky sich öffentlich für den eingekerkerten Carl von Ossietzky einzusetzen versucht, gab es keinen «Tarngrund», in Briefen von Johann zu sprechen. Johann – so nannte man in Berlin das Personal; Diener, Kutscher, Hotelportiers. Es ist kein Geheimnis, daß Tucholsky den Nachfolger des verehrten Siegfried Jacobsohn auf dem Stuhl des «Weltbühnen»-Herausgebers nicht mochte. Ein Röntgenarzt sieht sehr klar – Strukturen, Verwucherungen, den keimenden Tod im anderen; er infiziert sich nicht.

Ähnlich einer Steinberg-Kontur setzt dieser Künstler sich selber aus Kunststücken zusammen, sein Ornament ist das Wort. Und ähnlich einer solchen Eisblume ist er, als ganz junger Mann schon, stets in Gefahr, sich aufzulösen. Dafür gibt nicht nur die berühmte Eintragung Kafkas in seinem Tagebuch Zeugnis, die er nach einem Besuch des einundzwanzigjährigen Berliners in Prag notiert: «[...] ein ganz einheitlicher Mensch von einundzwanzig Jahren. Vom gemäßigten und starken Schwingen des Spazierstocks, das die Schulter jugendlich hebt, angefangen bis zum überlegten Vergnügen und Mißachten seiner eigenen schriftstellerischen Arbeiten. [...] seine helle Stimme, die nach dem männlichen Klang der ersten durchredeten halben Stunde angeblich mädchenhaft wird – Zweifel an der eigenen Fähigkeit zur Pose, [...] – endlich Angst vor einer Verwandlung ins Weltschmerzliche.»

Dafür gibt es auch zahllose Belege – blinzelnde wie scharfblickende – von Tucholsky selber. «Wertlos» überschreibt er eine Widmung für eine junge Leserin, die er «Wir alle 5» in je verschiedener Schrift mit seinen fünf noms de plume signiert und die nur scheinbar heiter ist:

«Schreib in ein Stammbuch; – Wozu hab ich dich lassen Schriftsteller lernen –!»

Ich weiß nichts.

«Sag, was fühlst du unter blaßhell zwinkernden Sternen!»

Ich weiß nichts.

«Sprich! sprich in dieser Minute, wo dir dein Leben entrinnt, wo du ihr ein Mann bist, Held und Geliebter und Kind...!»

Ich weiß nichts.

Schön ist, wenn sich Gefühle leise neigen –: zu schweigen.

Das Wort Lebensprozeß muß bei diesem vorgeblich so tänzerisch-heiteren Schriftsteller wörtlich genommen werden; er macht sich ein Leben lang den Prozeß. Kurt Tucholsky trennt sich unentwegt von sich selber; von anderen ohnehin. Ist er auch sich austauschbar?

Vom «Austritt aus dem Judentum», 1911, über die frivol klingende – eigentlich infame – Widmung «Unsern lieben Frauen M. W. K. F. C. P.» in seinem ersten Buch «Rheinsberg», 1912, über die eisig fremden Fotos aus allen Lebensphasen, nie blickt er seinen Partner an, und die schneidende Strophe «Dein tiefstes Lebensgefühl [...] immer allein» bis zur Schlußbilanz, 1935, «die raison d'être» fehlt: ein Hochseilartist, den das Stahlseil durchschneidet. Sogar noch das tödliche Zirpen des Schneidestahls hört er – es gibt keinen Schriftsteller deutscher Sprache, der so erbarmungslos akribisch das eigene Verlöschen aufgeschrieben hat. Bis in die Wimpern nimmt er Schmerz wahr – den eigenen. Nie den, den er anderen zufügt: «Dieser kleine Tod, den man erleidet, wenn einem eine Frau entgleitet» – und was erleidet die Frau? Das Geheimnis jedoch von Tucholskys Sprachkunst, der Melodie eines modernen Heine, liegt im Entzingeln. Da, wo man glaubt, Tucholsky ist dabei, ist er meist am entferntesten. Deshalb kann ihm seine Frau Mary, die schon 1927 gesagt hatte, «Mit dieser Energie, mit der Er unglücklich ist, könnte Er auch glücklich in Berlin sein», im Jahr 1932 ganz verblüfft schreiben: «Er ist zutiefst ein Bürger, der seine Ruhe haben will, und das Phänomen an Ihm ist, daß Er Gedichte schreiben kann, als ob Er das Elend eines Proleten selbst durchgemacht hätte.»

«Tucholsky sah nicht – er hörte», sagte eine andere kluge Frau, Lisa Matthias, über ihn, «er hatte keine Phantasie»; und wenn sie ihn als einen «eiskalten Menschen» empfindet, so ist das vielleicht nur geringfügige Übertreibung der enttäuschten Geliebten; auch die getäuschte Ehefrau schreibt 1927 (da lebt Tucholsky mit Lisa Matthias in Berlin) auf die Frage, ob er weiter in Berlin bleiben und als Herausgeber der «Weltbühne» arbeiten soll: «Er ist doch sonst ein so großer Egoist, warum denn in diesem einen Fall dies plötzliche Zurückstellen seiner Person?»

Egoismus, eiskalt – das ist wohl nicht Selbstliebe; ist es eine Form von Selbstpanzer? Das sonderbare Gebot des Alten Testaments zur Nächstenliebe setzt ja ein Akzeptieren des eigenen Ich voraus – liebe deinen Nächsten *wie dich selbst*. Das tut Tucholsky nie. Er akzeptiert *sich* nie. Ein früher Selbstmordversuch ist überliefert. «Liebste, es ging nicht mehr», beginnt ein Abschiedsbrief, den Mary Tucholsky aufbewahrte und auf 1921 oder 1922 datierte. Und in seinem Sudelbuch definiert er sehr klar: «Selbstmord – er ist von sich selbst weggelaufen – nun hat er sich eingeholt.» Im Dezember 1923, acht Monate vor ihrer Eheschließung, schreibt vis-à-vis erneuter Selbstmordgedanken in rührender Hilflosigkeit die fünfundzwanzigjährige Mary:

«Jungchen, mir ist es ganz schwer, wenn Er angerufen hat und so traurig ist. Was macht Er sich denn für unnötige Sorgen! Laß Er es doch laufen, wie es läuft, Er kann es doch nicht aufhalten. Was in Seiner Kraft steht, tut Er doch. – Warum immer so gedrückt? Es geht andern nicht besser und könnte auch Ihm noch hundertmal schlechter gehn.

Wenn Er immer wieder sagt, es macht Ihm alles keinen Spaß mehr und Er möchte nicht mehr mitmachen, Ihm ist alles egal, dann könnte ich mich tot heulen, weil Er so kalt und gleichgültig ist. Er ist so dumm, Er glaubt immer alles, was man Ihm vorredet, und fühlt nicht, daß man auch nicht mehr mitmachen will, wenn Er nicht mehr mitmacht.

Er hat im Spaß gesagt, Er könnte in aller Ruhe und ohne Bedauern ein Ende machen, und wenn ich Ihn dann gefragt habe, ob ich auch was abbekomme, hat Er gelacht und gesagt: Warum Du? Du wirst leben –

Nungo dumm. Weiß nicht, daß traurig ist, wenn Nungo traurig, und sich freut, wenn Nungo froh ist, und auch nicht mehr mag, wenn Nungo nicht mehr mag.

Nungo – Felsblock: weil nicht glaubt.

Meli – Zirkusfrollein: weil glaubt.

Also glaub Er!
Seine Meli»

Felsblock, weil nicht glaubt. Das ist gut für die Kunst; es ist elend zum Leben. Wirklichkeit und Wahrheit sind nicht identisch – die eine nistet in der anderen. Kunst ist Lüge, Eis und Ferne. Immer da, wo Tucholsky am meisten gelogen hat, vereist war und entfernt – war er der Wahrheit am nächsten. Da war er Stimme seiner Zeit, der er nicht angehören mochte und deren feinste Vibrationen wie schrillsten Mißtöne er dennoch – kein anderer wie er – zum Klingen brachte. Er war niemandes Teil, Anteilnehmer nur in der Idee. «Bürgerliche Wohltätigkeit» nennt er 1929 sein proletarisches Kampflied – «Gut. Das ist der Pfennig. Aber wo ist die Mark –? [...] Proleten! Fallt nicht auf den Schwindel rein! [...] Für dich der Pfennig! Für dich die Mark!» –, aber noch 1933 reist der Emigrant mit zwei riesigen Schrankkoffern voller

Maßanzüge und feiner Wäsche, die zwei starke «Proleten» ihm in das Castello la Barca im Tessin hinaufschleppen müssen. Er tauft schon 1918 seinen Sohn Ludolf, aber er hatte nie einen; dafür besingt er ihn in einem Gedicht «Auf ein Kind» – beiläufig das einzige, das er je mit vollem Namen signiert. Dazu heißt es in einem Brief vom Juli 1918 an Mary: «Hier ist etwas Merkwürdiges passiert, und ich erzähle Ihm das auch nur, damit Ers nachher richtig versteht: ich habe hier – es ist eine Ewigkeit her, seit es geschah – seit Jahren wieder ein ernstes Gedicht gemacht. Schuld ist jemand, von dem ichs nie geglaubt hätte: der kleine, aber krummbeinige Ludolf. Jacobsohn riet mir, unter allen Umständen meinen vollen Namen darunterzusetzen. (Ich hatte nur K. T.) Und ich kann nicht. Sonst ist mir nichts zu frech – erst wollte ichs nur Dir schikken. Nein, der ganze Name – das geht nicht. Es wird wohl bei den zwei Buchstaben bleiben. Weils letzten Endes keinen angeht, außer jemanden. Und der weiß schon.» Zwei Jahre später erscheint es unter seinem ganzen Namen in der «Weltbühne». Doch im Sudelbuch notiert er: «Kinder kriegen? Das ist wie selbstgemachte Hüte.» Kurt Tucholsky – ein Klangkörper.

Er war kein ganz Unbekannter mehr, als an seinem 23. Geburtstag die 1905 von Siegfried Jacobsohn gegründete «Schaubühne» seinen ersten Beitrag druckte. Schon 1907 – dem Jahr, in dem er als Externer das Abitur machte – publizierte die satirische Beilage des «Berliner Tageblatts», der «Ulk», sein «Märchen». Und während er an seiner – 1914 von der Universität Jena erst einmal abgewiesenen – Dissertation «Die Vormerkung aus § 1179 BGB und ihre Wirkungen» arbeitete, war 1912 jenes «Rheinsberg, ein Bilderbuch für Verliebte» erschienen, nach dem «später generationsweise vom Blatt geliebt wurde»: ein schneller Erfolg, ein großes Spiel mit einer Bücherbar am Kurfürstendamm, wo jeder Buchkäufer einen Schnaps erhielt; und unter dem heiteren Lügengespinst (Tucholsky war gar nicht verliebt zu dieser Zeit) schon der singende Ton eines angestoßenen Glases: «Glücklich sein, aber nie zufrieden [...]. Und es gibt keine tiefere Sehnsucht als diese: die Sehnsucht nach der Erfüllung. Sie kann nicht befriedigt werden...»

Tucholsky ist Externer nicht nur als Abiturient, als Doktorand. Er ist es auch in der Familie, im Beruf, in der Liebe. Außer zum früh gestorbenen Vater, dem er kindliche «Lieb-Väterchen»-Epigramme widmete, hatte er innerhalb der «Familien-Bande» nur zu einer Tante eine Beziehung; das Verhältnis zu Bruder Fritz und Schwester Ellen (beide später im amerikanischen Exil gestorben) kennen wir aus sachlich-höflichen Briefen, wie man sie etwa mit Geschäftsfreunden wechselt; der Bruder ist dann auch schon mal «dumm», und die Schwester wird als ewig Hilfsbedürftige abgeschüttelt. Die ungeliebte Mutter charakterisiert er in seiner 1914 publizierten Theaterkritik über Rosa Bertens: «Sie hockte auf ihren geretteten Scheiten Holz, die sie, vor Herrschsucht keuchend, aus dem Kamin gezogen hatte; sie stopfte sie unter das Sofa und saß knurrend da, wie ein Hund über dem

Knochen. Es handelte sich gar nicht um das Holz: sie hatte ihren Willen, ihren verfluchten Willen.

Und es war nicht das Mogeln, die Nachlässigkeit in der Erziehung und der Geiz – es war nicht das. Es war die unbändige Herrschsucht der Familienglucke, die auf Küken und Hahn gleichmäßig hackte. Früher hatte die Geliebte dem Mann die Augen zugeküßt, so daß er nichts mehr zu sehen vermochte – nun errichtete sie die heiligen Schranken der heimatlichen Hütte, worin sie regierte. Hier war ihr Reich; und der weite Horizont war verbaut. Hier herrschte sie, herrschte mit allen Mitteln. Mit Gewalt, mit Schlägen, mit der Lüge, [...]»

Dem schon mit 50 gestorbenen Vater hat er lange nachgetrauert – aber noch 1935 empörte er sich über die Mutter, «Aber das wird alt». Es wird nur acht Jahre dauern, bis sie in Theresienstadt endet.

Der junge Kurt Tucholsky hat unter der schlechten Ehe seiner Eltern sehr gelitten – und sich eine «Wunsch-Mutter» ausgespäht; ausgerechnet die Frau des später berühmt gewordenen Avantgarde-Filmemachers Hans Richter – «sie scheint Papa unglaublich verehrt, selbst geliebt zu haben. ... Es wäre ein Paradies gewesen, hätten diese beiden sich geheiratet» – berichtet die Schwester Ellen. Tucholsky scheint die Scheidung der befreundeten Ehepaare und eine Überquer-Heirat regelrecht betrieben zu haben. Doch er hat die als Ersatzmutter herbeigesehnte Frau nicht bekommen.

Der juristische Beruf interessiert ihn nicht einen Augenblick. Seine erste Verlobung – 1912 mit Kitty Frankfurter, einer der Widmungsdamen in «Rheinsberg» – spielt nicht einmal als Auflösung dieser Bindung eine Rolle; sowenig wie seine erste knapp vier Jahre währende Ehe mit der (in Auschwitz ermordeten) Ärztin Else Weil – diese Frau hat nie «Figura» gewonnen, weder in Texten noch in Briefen, allenfalls in Form der zunehmend als lästig empfundenen Unterhaltszahlungen nach der Scheidung im Februar 1924, die er später übrigens als von seiner Seite unnobel vollzogen zugab: «Ich mag an diese Sache gar nicht mehr rühren – denn ich fühle ein immenses Schuldbewußtsein. Nicht: weil ich weggegangen bin, sondern *wie* ich weggegangen bin. Du weißt das nicht – ich habe mich damals falsch benommen. Ich war nicht alt und reif genug, um das mit Takt und Delikatesse zu machen – ich war plump, roh, dumm. Ich tat weh, obgleich ich wissen mußte, weh zu tun – und ich tat unnötig weh. *Das* und nur das bedrückt mich, wenn ich diese Sache noch einmal in die Hand nehme. Die Frau war mir damals über – man hat das nicht gern, als Mann.»

Tucholskys Tanz ist ein Paso doble: mit sich selbst. Die eigenen Worte sind die Musik – er spielt *sich* auf. Sein Glück ist so partnerlos wie sein Unglück; stets ist es die durch den Spiegel verdoppelte Bewegung. Den Spiegel kennen wir – als Instrument der Selbsterkenntnis wie der Selbstzerstörung – aus der Einsamkeitsliteratur der Homosexuellen: von James Baldwin über Yukio Mishima bis Witold Gombrowicz; dort wird er gar «ersatzweise» zerschossen.

«Der Spiegel bestätigt», hat Tucholsky einmal gesagt. Vervielfältigt bald durch die Schimären, die er – ausgeliehen von seinem alliterationswütigen juristischen Repetitor – ins Leben ruft; zuerst (20. Februar 1913) Ignaz Wrobel, bald Peter Panter, Theobald Tiger, später Kaspar Hauser. Man kennt seine Begründung: «Eine kleine Wochenschrift mag nicht viermal denselben Mann in einer Nummer haben, und so erstanden, zum Spaß, diese homunculi. Sie sahen sich gedruckt, noch purzelten sie alle durcheinander; schon setzten sie sich zurecht, wurden sicherer; sehr sicher, kühn – da führten sie ihr eigenes Dasein. Pseudonyme sind wie kleine Menschen; es ist gefährlich, Namen zu erfinden, sich für jemand anders auszugeben, Namen anzulegen – ein Name lebt. Und was als Spielerei begonnen, endete als heitere Schizophrenie. [...] Und es war auch nützlich, fünfmal vorhanden zu sein – denn wer glaubt in Deutschland einem politischen Schriftsteller Humor? dem Satiriker Ernst? dem Verspielten Kenntnis des Strafgesetzbuches, dem Städteschilderer lustige Verse? Humor diskreditiert.»

Der Spiegel, vor dem der einsame Tänzer seine «Haltung» kontrolliert, hat nun viele Scheiben und Prismen erhalten. Nicht zufällig wird eines seiner intensiven Gedichte später «Der Mann am Spiegel» heißen:

> Plötzlich fängt sich dein Blick im Spiegel
> und bleibt hängen.
> [...]
> In das Weiße der Augen steigt langsam Rot auf –
> welch ein Mitleid hast du mit dir!

Du betest dich hassend an.
[...]
Ich gehe vom Spiegel fort.
Der andre auch –
Es ist kein Gespräch gewesen.
Die Augen blicken ins Leere,
mit dem Spiegelblick –
ohne den andern im Spiegel.

Allein.

Tatsächlich zeigen die ganz frühen Texte – die 68 Beiträge des ersten «Schaubühnen»-Jahrs (1913) sind überwiegend Theater-, Revue- oder Kabarettkritiken und Glossen – weniger einen auf Personen, Figuren, Abläufe fixierten Rezensenten, sondern einen autonomen Schriftsteller.

Und nun geschieht etwas Seltsames: der verschwindet. Der Krieg verschluckt den Schriftsteller Tucholsky, der sich immerhin seit zwei Jahren mit mehreren hundert Glossen, Artikeln, Rezensionen in verschiedenen Zeitungen bemerkbar gemacht hatte. Tucholsky – der sich zwar seit Kriegsausbruch «beleidigter Clown» tituliert und später in einer öffentlichen Polemik zwischen Peter Panter und Theobald Tiger erklärt, er habe nicht «eigenes Gut auf fremdes Blut» reimen mögen – verstummt: 1915 kein Artikel, 1916 13, 1917 22. Doch nicht das ist das Seltsame; auch nicht das peinliche Kriegsanleihe-Gedicht, das ihm später – unter anderem von Karl Kraus und Hermann Kesten – so oft vorgehalten wurde: «Möweneier» forderte am 31. März 1917 in der Soldatenzeitschrift «Der Flieger», an der Tucholsky gelegentlich – auch anonym – mitgearbeitet hatte, zum Zeichnen von Kriegsanleihe auf. Frappant vielmehr ist, daß Tucholsky ohne offensichtliche Abwehr, sozusagen «janz jemütlich» Soldat, Offizier und schließlich – in Rumänien – in hohem Offiziersrang Feldpolizeikommissar wurde; aus keiner Quelle, keinem Selbstzeugnis wird deutlich, daß da einer etwa gelitten, Gewissensbisse empfunden, Revolten in sich unterdrückt habe. Im Gegenteil. Tucholsky hat es sich in einer Art drôle de guerre als Etappenoffizier eingerichtet, ein Beobachter und Lauscher. «Ich kenne die Brüder allerdings sehr, sehr genau, ich habe mit ihnen zusammen gesoffen, auch mit höhern Chargen, etwa bis zum Generalmajor[...]» schreibt er zum Beispiel später an Arnold Zweig. Woher der Peitschenknall, den wir gleich nach dem Krieg vernehmen werden, der Aufschrei des radikalen Pazifisten, Offiziershassers und Kriegsverdammers? «Soldaten sind Mörder» wird Tucholsky anklagen – der Soldat war. Die – spärlichen – Zeugnisse dieser Zeit geben keinen Ekel frei, keinen Abscheu, keinen Haß. In den Briefen an seine zweite Frau Mary, die er im Baltikum kennenlernte, und in ihren unveröffentlichten Briefen und Tagebüchern (von denen nur wenig erhalten ist; Mary Tucholsky hat entgegen dem flehentlichen Rat vieler Freunde ihre Tagebücher und Briefe zu Teilen vernichtet) findet sich ein behagliches Kasinoleben abgeschildert: Bälle und Flirts, Spaziergänge und Rotweinabende, Ausfahrten, Geschenke und lange Abende bei Büchern, die aus Berlin geschickt wurden. Auch in der Uniform ein Externer?

Alles, was wir «unter Tucholsky» verstehen, der große Gerechte, der Ankläger, der in Hunderten von Artikeln, Liedern, Pamphleten manifest gewordene unbestechliche Blick auf Machtmißbrauch, Schinderei, Dreck und Blut, der Sänger des großen «Wehe»: kann sich das angestaut haben bei Gänsebrust und Bordeaux? Kann ein so machtvoller Schrei gegen Wahn und Gemetzel so leise wachsen, ein Fanal emporschießen aus Skatabenden vor Kaminfeuer? Der radikale Wort- und Fallensteller Kurt Tucholsky ist entstanden im Krieg. Er hat nie ein Trommelfeuer erlebt, nicht den Gasangriff in Ypern, und er lag nicht im Schützengraben vor Verdun. Und hat doch den Krieg begriffen wie kaum einer, seinen Raubmechanismus, seine Kadaverzucht, seine mörderische Inhumanität.

Als er 1918 nach Berlin zurückkommt, das Angebot Theodor Wolffs, des Herausgebers des «Berliner Tageblatts», in der Tasche, die Chefredaktion des mit einer Auflage von 500000 Exemplaren sehr publikumswirksamen «Ulk» im Mosse-Verlag zu übernehmen – «Wenn er nicht eine kostenlose Reklame für mich wäre, schätzte ich ihn nicht sehr» –, taucht ein ganz fertiger, ganz geschlossener Publizist auf. Tucholsky beginnt, nicht nur Analysen des Vergangenen zu geben, sondern auch mit erschreckender Klarsicht zu warnen und zu prophezeien. Schneidend seine «Militaria»-Serie im seit April 1918 «Weltbühne» benannten «Blättchen», grandios von der ersten

Stunde an die geradezu flehentlichen Warnungen vor der Fehlentwicklung der neugeborenen Republik: «Wenn Revolution nur Zusammenbruch bedeutet, dann war es eine.» Wie außer ihm vielleicht nur noch Heinrich Mann – dessen «Untertan» ja *vor* 1914 beendet war – gibt Tucholsky mit rücksichtsloser Deutlichkeit und von frühester Stunde an dem und denen Namen, was und wer diese Republik töten will und wird: Wilhelm II. ein Deserteur und Friedrich Ebert ein Verräter an seiner Klasse; der bösartige Noske und die Mistkerle Groener und Geßler; der aalglatte und undurchsichtige Seeckt und der ganze Verein:

[...] Die ganz verbockte
liebe gute SPD.
Hermann Müller, Hilferlieschen
blühn so harmlos, doof und leis
wie bescheidene Radieschen:
außen rot und innen weiß.

Vollkommen entsetzlich, mit welcher Klarheit – post festum – Heinrich Mann ebenso düster bilanziert: «Die Lügen Hitlers sind nicht seine; die Republik hat sie ihm in den Mund gelegt. Nur, daß aus dem Gewinsel über ‹Versalch› allmählich die Hetze und die Drohung wurde – auch dies schon unter der Republik; sie hatte endlich gegen ihren Nachfolger keine Waffe, er benutzte ihre eigenen.

Ich sah jeden ‹Kampf› um eine wirkliche demokratische Republik von Anfang an verloren. Publizistisch tat ich, was ich konnte. Die wirksamsten Artikel konnten bei Ullstein nur am Sonntag in dem ‹großen Blatt› erscheinen (Morgenpost, 300000, Leser nur Arbeiter). Was half es. Der Gewerkschaftsführer Legien hatte einen Vertrag mit den Industriellen, schon Ebert hatte sich den Generälen verbündet.»

Das ganze Geflunker von den «goldenen zwanziger Jahren», noch heute zwischen Mackie-Messer-Geschunkel und «Ich-bin-die-fesche-Lola»-Geplärr vorgegaukelt, diese «Republik wider Willen», gezeichnet in einer gezinkten Collage, als sei sie abgekupfert im Bild «Heinrich Manns Kopf und Marlenes Beine» – das löst sich in seine wahren Bestandteile auf, liest man die Texte des unbestechlichen Zeitmessers Tucholsky chronologisch. Er sagt, daß Offiziere gestohlen haben, daß die Soldaten für einen Dreck gefallen sind, daß das Heer keineswegs «erdolcht und im Felde unbesiegt» war.

Unter der Oberfläche der Republik wimmelte es madenhaft: Nationalisten, revanchelüsterne Offiziere, machtspekulierende Gefreite. Die Justiz war reaktionär und willfährig – verurteilt wurden auf jeden Fall die Linken. Ignaz Wrobel veröffentlicht Statistiken, die das verbogene Recht demonstrierten – «gegen die Arbeiter allemal». Im September 1921 stellte er zum Beispiel fest: 314 Morde an Linksgerichteten, die Mörder erhielten 31 Jahre und drei Monate Freiheitsstrafe, eine lebenslängliche Festungshaft; für 13 Morde, die von Linksgerichteten verübt wurden: acht Todesurteile, 176 Monate und zehn Monate Freiheitsstrafe.

Die kurzen Tage der Münchner Räterepublik hatten 14 Menschenleben gekostet – die Gegenrevolution 184; und der Maschinenstürmer Ernst Toller wie der dichtende Bohemien Erich Mühsam saßen in Festungshaft.

Mord wurde die legitime politische Waffe: am 15. Januar 1919 Karl Liebknecht und Rosa Luxemburg, am 21. Februar 1919 Kurt Eisner, am 2. Mai 1919 Gustav Landauer, am 7. November 1919 Hugo Haase, am 26. August 1921 Matthias Erzberger, am 24. Juni 1922 Walther Rathenau. Mordversuche an Maximilian Harden und Philipp Scheidemann. Die Freikorps, Landsknechtsbanden gleich, würgten das Land wie gierige Kraken. Hunderte von Arbeitern wurden «auf der Flucht» erschossen, schon damals.

Am 11. März 1920 erscheint der Aufsatz Ignaz Wrobels «Dämmerung»: «Wohin treiben wir? [. . .] Es dämmert, und wir wissen nicht, was das ist: eine Abenddämmerung oder eine Morgendämmerung.» – Am 13. März 1920 beginnt der Kapp-Putsch.

Am 23. Februar 1922 erscheint der Artikel «Die Reichswehr», dessen Klarsicht uns noch heute entsetzen kann: «Dies soll hier nur stehen, um in acht Jahren einmal zitiert zu werden. Und auf daß ihr dann sagt: Ja – das konnte eben keiner voraussehen. [. . .] Einst wird kommen der Tag, wo wir hier etwas erleben werden. Welche Rolle die Reichswehr bei diesem Erlebnis spielen wird, beschreiben alle Kenner auf gleiche Weise. Der Kapp-Putsch war eine mißglückte Generalprobe. [. . .] Bedankt euch in acht Jahren bei dieser Regierung, diesem Staatsrat, diesem Reichstag.» Genau acht Jahre später – 1930 – zieht Hitler mit 107 Abgeordneten in den Reichstag, und der General von Schleicher ist 1932 deutscher Reichskanzler.

Am 22. Juni 1922 erscheint in der «Weltbühne»

eine böse Vision «Was wäre, wenn...», der niedergeschriebene Alptraum eines neuen nationalistischen Putsches. Darin heißt es: «Ohne Blutvergießen war es nicht abgegangen.» – Am 24. Juni dann der Mord an Rathenau.

Kaum ein Heft der «Weltbühne», in dem Tucholsky nicht drei- bis vier-, manchmal fünfmal vertreten ist. Woche für Woche Polemiken, Chansons, Buchkritiken. Aber: *Wer* sagte das alles? *Wer* schrieb nach der Ermordung von Karl Liebknecht und Rosa Luxemburg:

> Märtyrer...? Nein.
> Aber Pöbelsbeute.
> Sie wagtens. Wie selten ist das heute.
> Sie packten zu, und sie setzten sich ein:
> sie wollten nicht nur Theoretiker sein.
> [...]
> Ehre zwei Kämpfern!
> Sie ruhen in Frieden!

Und *wer* schrieb für Rosa Valetti die «Rote Melodie»:

> General! General!
> Wag es nur nicht noch einmal!
> Es schrein die Toten!
> Denk an die Roten!
> Sieh dich vor! Sieh dich vor!
> Hör den unterirdischen Chor!
> Wir rücken näher ran – du Knochenmann –!
> im Schritt!
> Komm mit –!

Das – aus den Jahren 1919 und 1922 – klingt so klar, militant, entschieden. Auf den unzähligen Texten dieser Art – «ich arbeite wie eine Maschine. Jetzt auch sehr häufig nachts» – gründet der Ruhm des unbeirrbaren kämpferischen Publizisten. Der aber ist überhaupt nicht entschieden, vielmehr innerlich orientierungslos: gegenüber seiner Zeit wie dem eigenen Leben; Tucholsky ist ein Wünschelrutengänger, der das Wasser schlagen spürt – doch eine Wünschelrute ist kein Kompaß:

«Was es ist, weiß ich nicht. [...] Ich fühle nur dumpf, daß da etwas herankriecht, das uns alle zu vernichten droht. Uns: das ist unser altes Leben, das sind die grünen Inseln, die wir uns im Strom des lächerlich lauten Getriebes noch zu bauen verstanden haben – uns: das ist unsre alte Welt, an der wir – trotz allem – so gehangen haben. Wohin treiben wir? [...] Was wissen wir von der Zeit? Wir stehen davor wie der Wanderer vor der roten Felswand, viel zu nah, um ihre Struktur, geschweige denn ihre Schönheit zu sehen! Was wissen wir von unserer Zeit? Wir sind ihre Instrumente, und ich glaube, daß *der* noch ihr bestes ist, der sich ihr nicht entgegenstemmt.»

Tucholskys inneres Gleichgewicht ist also schon in diesen ersten Nachkriegsjahren ohne Balance. Er hatte Else Weil geheiratet – aber schreibt verzagt-sehnsüchtige Briefe an Mary Gerold; er hatte großen Erfolg – aber mißtraut dem, was er tut: «Begeistert bin ich von meiner Arbeit bisher nicht»; er verdient bereits gut, nicht nur als fünffacher «Weltbühnen»-Autor, sondern auch durch Nachdruckverträge mit anderen Zeitungen oder durch Kabarett-Couplets – aber es bleibt keine Mark. «Ich ging mit dem Geld so um, wie man es nicht hätte tun sollen.» Schon ganz früh – 1918, 1919 – schreibt er «ich bin so müde» und «die Stadt Berlin lähmt», er erwägt, in Staatsdiensten in Kurland zu bleiben oder in einer kleinen Stadt an der Ostsee zu leben – «Berlin ist scheußlich wie je [...] es ist die schlimmste Stadt im Land».

Das wären die reichlich aufzählbaren Fakten; schon die gewiß verwirrend genug. Doch der Widerspruch liegt tiefer. Sein offenbar weniger nobles Ausscheiden als Chefredakteur des «Ulk», als sein Brief vom 11. Februar 1920 an Theodor Wolff suggeriert – «Sehr verehrter Herr Wolff, ich habe den Eindruck, daß meine Tätigkeit im Hause nicht so ersprießlich für beide Teile ist, wie das wohl nötig wäre. Ich bitte Sie daher, aus meiner Stellung zum nächsten zulässigen Termin – das wäre der 31. März d. J. – ausscheiden zu dürfen» –, nämlich seine Verhandlungen mit Konkurrenzblättern; die Oberschlesien-Affäre, die er 1926 in einem Brief an Maximilian Harden charakterisiert: «– ich bedaure heute, was ich damals tat. Daß die von mir geforderte Kommission der USP mich freisprach, beweist mir nichts – ich weiß es besser. Ich hätte das nicht tun dürfen»; sein etwas bigotter Anspruch an ein bürgerliches Leben (in einem Brief an seine spätere Frau Mary), während er doch gerade dieses Bürgertum höhnt: «[...] ich will, daß es anständig und gepflegt hergeht, ich will einen vernünftig geführten Haushalt haben, in dem Ordnung ist und Klarheit und auskömmliche Mittel. [...] Ich will und will nicht, daß Du herkommst, bevor ich nicht genau weiß, daß eine vernünftige Stütze in der weißen Schürze Dich in einer fertig eingerichteten Wohnung erwartet.»

Irritierende Splitter mögen das sein, aber sie fügen sich nicht zum Mosaik-Bild, eher zersetzen sie eine klare Kontur. Doch nicht die alte, ewig neue Frage, «darf Heinrich Heine im Grand Vefour champaniren» und darf Lenin einen Rolls-Royce fahren, gilt es zu beantworten; die hat Tucholsky selber lächelnd abgetan: «[...] denn der einzelne ist wohl befugt, Ideale aufzustellen, die man niemals erreichen kann (ohne daß seine vielleicht inkonsequente Lebensführung ein Einwand wäre)». Vielmehr die Frage, welches Räderwerk nicht ineinandergreifender, sondern nebeneinanderher laufender Mechanismen stört da eine Begabung, zerstört schon früh einen Menschen?

Tucholsky glaubt nicht an das, was er tut. Das ist nicht Lüge, sondern Mißtrauen. Da er ein raffinierter Artist ist, stürzt er – künstlerisch – nicht ab, wenn er während jenes Hochseilakts in die Manege hinunterschaut. Aber er schaut hinunter – und sieht nur Fratzen von George Grosz. Später wird er sich daran entsetzt erinnern: «Ich habe mal vor 6 Jahren, als ich den Knacks meines Lebens auf einer Tournee bekommen habe (wegen meinem Popplikom ins Angesicht Schauens), gesagt: Ich kann die großen geöffneten Augen nicht mehr vertragen, die alle zu mir heraufsehen und fragen, fragen: Was sollen wir tun? Ich war kein falscher Prophet – ich war gar keiner. Und dann habe ich ganz geschwiegen.» Darüber räsoniert er nicht. Das beschreibt er. Darin liegt das Authentische wie das Brillante seiner Texte. Sie sind alle er. So zahlreich seine Arbeiten – knapp 3000 sind erhalten –, so zahlreich die Facetten; wie Tausende kleiner Messerchen zerschnitten sie den, der sie schuf. Er *ist* Wendriner und Lottchen, er *ist* der hechelnde Spießer und der traurige Liebhaber, der nimmersatte Galan und der rechenhafte Buchhalter. «Man muß eben im Haus bleiben, solange es regnet» – diese eigene Lebensmaxime legt er später fast wörtlich, aber hohnvoll Wendriner in den Mund. So wird er nicht *einer.* Man kennt das Bild vom zu Temperamentvollen, die Kerze, die an beiden Enden brennt. Kurt Tucholsky ist ein ganzes gigantisches Feuerwerk, das zischt, gleißt, Figuren wirft und kalt glitzernde Sternenbilder in den Himmel schießt; sie sind, wie man weiß, desto schöner, je weiter auseinander sie flirren, je höher in den Himmel sie ihre rasenden Märchen malen. Sie währen Sekunden, und der Himmel bleibt kalt. Sie wärmen niemanden. Am wenigsten den, der sie zündet – eben Schimären.

Von dieser Riesenexplosion konnte sich Tucholsky nicht sättigen. Er ist von Beginn an ein tief Einsamer – «Er liebte sie nicht – er sehnte sich nur nach ihr», so (nicht ganz wörtlich) hielt er diesen Satz von Kierkegaard früh schon, vor seiner eigentlichen Entdeckung des großen Dänen, fest –, der Bindungen scheut, während er ihnen nachjagt, ihnen entweicht im Moment, da er sie eingeht. Vielleicht braucht es zum Schöpferischen auch ein Gran Törichtsein, Naivität. Wohl auch jenen Hochmut des Gauklers, den er verzückt und leicht indigniert zugleich in einem Paganini-Porträt preist, als wisse er, es ist ein Selbstporträt: «Er bleibt, scheints, doch der Gaukler, der seine ganze Energie, das ganze Wollen seiner Existenz auf die eine halbe Stunde am Abend konzentrierte. Er soll, und das ist sehr wahrscheinlich, gegen den einzelnen Mann, der ja nicht mehr Publikum war, hochmütig und wegwerfend gewesen sein, und es wird ein entzückendes Wort von ihm kolportiert, das er solchen gegenüber anzuwenden pflegte: ‹Que me veut cet animal!› Am Tag auf der Tournee, abends der Teufel. Wenn vormittags Probe war und sein Solo einsetzte, stand die ganze Kapelle neugierig auf den Zehenspitzen, um zu sehen, wies der große Mann machte. Aber er warf ihnen nur leichthin ein paar Töne vor, sagte: ‹Et cetera, messieurs!› und fuhr lächelnd fort, die Orchesterstellen zu probieren. Ein Kerl, der mit allem geizte, wenn es ihm nicht hundertfach bezahlt wurde, ein Frauenjäger aus Beruf, ein Geldsammler aus Neigung, ein teuflischer Geschäftsmann und ein geschäftstüchtiger Teufel.

Vielleicht war er so. Was wissen wir? Es ist so schwer, alte Wahrheiten zu rekonstruieren, schon weil sie damals keine mehr gewesen sind.»

Tucholskys rasiermesserscharfer Verstand zerschneidet «cet animal» in millionenfache, hauchdünne Nervenenden – die besieht er, unter dem selbstkonstruierten Mikroskop, notiert, befindet die eigene Befindlichkeit. Deswegen sind seine frivolen Chansons traurig, seine politischen Pamphlete voller Vergeblichkeit und seine literarischen Analysen – ob

Franz Kafkas oder Arnold Zweigs – so gnadenlose Selbstbesichtigungen. Das macht, bis heute, ihr Faszinosum aus. Niederschrift eines gigantischen Zerspellens. Sie sind wie auf Flugsand geschrieben – ob die kleine Betrachtung «Es gibt keinen Neuschnee», das schaurige Blutgerinnsel «Der Telegrammblock» oder sein De profundis «Wir Negativen»:

«Wir wollen kämpfen mit Haß aus Liebe. Mit Haß gegen jeden Burschen, der sich erkühnt hat, das Blut seiner Landsleute zu trinken, wie man Wein trinkt, um damit auf seine Gesundheit und die seiner Freunde anzustoßen. Mit Haß gegen einen Klüngel, dem übermäßig erraffter Besitz und das Elend der Heimarbeiter gottgewollt erscheint, der von erkauften Professoren beweisen läßt, daß dem so sein muß, und der auf gebeugten Rücken vegetierender Menschen freundliche Idyllen feiert. Wir kämpfen allerdings mit Haß. Aber wir kämpfen aus Liebe für die Unterdrückten, die nicht immer notwendigerweise Proletarier sein müssen, und wir lieben in den Menschen den Gedanken an die Menschheit.»

Ein schwieriges Wort. Könnte es einer der Schlüssel zu den vielen Türen sein, hinter denen sich Kurt Tucholsky verbirgt? Die Menschheit – nicht der einzelne Mensch? Könnte es das sein, was er gegen Ende seines Lebens immer wieder als fehlgelaufen, als Irrtum, als «vertanes Leben» beklagte?

In diesen Jahren – bis er 1924 Deutschland für immer verläßt – ist Kurt Tucholsky eine Zelebrität. Man kennt ihn und seine vier homunculi, und er kennt viele Leute im so gehaßten, so geliebten Berlin, dessen Rhythmus er wie kein anderer festhielt – und gegen dessen Rhythmus er sich versiegelt. Befreundet ist er mit niemandem. Die Zeugnisse dieser Jahre erzählen mal von Emil Jannings, oft natürlich von dessen Frau, der angebeteten Gussy Holl (für die er Chansons schreibt), gelegentlich von der gemeinsamen nächtlichen Arbeit mit Schauspielern, «daß mir der Kopf brummt». Nicht von Menschen.

Von Bertolt Brecht bis James Joyce hat Tucholsky große literarische Begabungen ganz früh erkannt, auch Franz Kafka oder Gottfried Benn. Befreundet war er mit keinem einzigen, die meisten kannte er persönlich gar nicht. Er hat George Grosz bewundert, Walter Mehring bejubelt, Erich Kästner reserviert respektiert, John Heartfield verehrt und Heinrich Mann hoch geachtet – mit keinem von ihnen hat er Umgang gepflegt. Brecht hat er einmal gesehen. Benn ist er flüchtig begegnet, Heinrich Mann wenige Male, den – ungeliebten – Thomas Mann sprach er ebenfalls nur ein einziges Mal; da wurde ihm der altväterlich schmollende Rat zuteil, die Angriffe der «Weltbühne» seien doch «unnötig». Erich Maria Remarque oder Ludwig Renn, Erwin Piscator oder Max Reinhardt, Friedrich Hollaender oder Hanns Eisler: nichts. Mit einigen – wie Reinhardt oder Piscator – gab es Ansätze zu gemeinsamer Arbeit, wie jenen Versuch – der sich zerschlug –, zusammen mit Alfred Polgar und Fritzi

Massary für das zu den Reinhardt-Bühnen gehörende Kabarett «Schall und Rauch» eine Revue zu schreiben. Die Maler seiner Zeit – ob Otto Dix, Max Beckmann oder Christian Schad, geschweige denn Pablo Picasso, Henri Matisse oder Fernand Léger – nimmt Tucholsky überhaupt nicht zur Kenntnis, Schauspieler wie Max Pallenberg oder Paul Graetz oder Tilla Durieux schon eher.

Liest man die Briefe aus jener Zeit, dann wirkt es, als flaniere ein interessierter Fremder durch Berlin. Kein Café Größenwahn und keine Kempinski-Weinstuben, kein Presseball und kein Romanisches Café, Dada-Soireen schon überhaupt nicht. Wir müssen in unserem Erinnerungsfilm «Berlin – die Sinfonie der Großstadt» den soigniert gekleideten Bürger mit Embonpoint, Weste und korrektem Hut herausschneiden. Wen immer ich (vor Jahren) befragte – Friedrich Hollaender, Walter Mehring, Erich Kästner oder Herbert Ihering –, jeder wußte lediglich eine amüsante Anekdote zu berichten. Hollaender – er leugnete empört, daß Tucholsky für die eigenen Chansons auch die Musik entworfen habe, obwohl dieser noch 1932 nach der Premiere der gemeinsam mit Walter Hasenclever verfaßten Komödie «Christoph Kolumbus oder Die Entdeckung Amerikas» schreibt: «Ich platze vor Stolz [...] daß die Musik zu den in ihm vorkommenden Liedern aufgeführt wird ... eine Musik, die ich persönlich hineinkomponiert habe» – erzählte: «Ich erinnere mich an einen Abend in meiner Berliner Wohnung, ein kleines Atelierfest wohl mit vielen hübschen Frauen, und Tucholsky stand im Salon, schaute und blickte und suchte, seine Augen glänzten immer mehr, bis er schließlich sagte: ‹Ach, daß man sie nicht *alle* haben kann.›» Und Mehring vom bezaubernden Gesprächspartner beim Wein; und Kästner von seiner Tessiner Begegnung – schon zur Exilzeit –, wo sie unbeabsichtigt im selben Hotel abgestiegen waren und er «den kleinen dicken Berliner» beobachtete, der «mit einer Schreibmaschine die Katastrophe aufhalten» wollte.

Tut er das? Tucholsky ist kein Don Quichotte; er kämpft nicht gegen Windmühlenflügel, sondern für eine gerechtere Verteilung des gemahlenen Korns – ein Sozialist ohne Sozialismus. Der ist ihm fremd bis verdächtig wie jeder Ismus. Man kann ihn wohl nicht einmal einen Sozialisten de cœur nennen. Es ist eine Noblesse der Nerven. Tucholsky – der das Wort vom «politisch unmusikalischen Menschen» prägte – hat offen liegende Nervenenden; sie zucken beim falschen Wort in einem Gedicht: «ungeheuer oben» war ihm eins zuviel in dem sonst als meisterlich erkannten «Erinnerung an die Marie A.» von Bertolt Brecht. Und sie winden sich bei des deutschen Volkes Liederschatz wie beim Blech ihrer Statthalter. Er hat das Taktgefühl jener Menschen, die eigene Taktlosigkeiten genau erkennen – und sie gleichwohl begehen. Daher vielleicht die Leichtigkeit seiner kleinen Obszönitäten – «Keine, die wie du die Flöte bliese...! Anna Luise –!» – und die Unbekümmertheit seiner Stammtischferkeleien; seine Briefe an Freund Hasenclever signiert er gerne mit einem erigierten Schwanz. Daher die Zartheit von Handkuß, Blumengruß und Hutlüften neben schweinigelnder Vögelseligkeit – «Ich habe heute meinen weichen. Natürlich wäre Dir das Gegenteil lieber. Das, liebe

Hedwig, darfst Du nie sagen, denn es bedeutet etwas sehr Hartes.»

Daher die peinigende Gerechtigkeit vis-à-vis von Korruption in der Armee, Justiz und Politik – aber die peinliche Bereitschaft zur Bestechlichkeit: mühelos schrieb er für die «Vossische Zeitung» und spielte das verachtete Haus Ullstein gegen den beargwöhnten kommunistischen Münzenberg-Verlag aus: «... und wer nicht nimmt, der kriegt nicht», lautete das Motto. «Äußerlich ruhig und innerlich so changeant», nennt er 1920 sein Leben, «glatt, verbindlich, zum Teil verlogen und schlängelnd.» So kann sich auch hartnäckig das Gerücht halten, er sei Anfang der dreißiger Jahre gegen erhebliche Bezahlung zu einer Scheinehe mit der – lesbischen – Tochter von Emil Jannings und Gussy Holl bereit gewesen; zumindest der Satz «Außerdem fühle ich, daß die Erwägung der Einheirat in die Familie Jannings mich doch weit mehr entfremdet hat, als ich ursprünglich annahm» aus einem Brief von Lisa Matthias an ihn gibt dem Nahrung. Man braucht da nicht mit Lotte Lenya «Wie man sich bettet, so liegt man» zu singen; es gibt eine Berliner «Spruchweisheit», derzufolge Fisch mit dem Messer der sehr wohl essen dürfe, der weiß, daß man Fisch nicht mit dem Messer ißt... Diese sehr feine Linie einer Privatmoral trennt – oder verbindet – ein Mitleidsgedicht wie «Mutterns Hände» und die anredelose Anrede der Sekretärin der «Weltbühne» mal mit «Fräulein Hüneke», mal mit «Fräulein Hünicke», der er auch mal für allerlei Botendienste ein Taschentuch schenkt – nach vorherigem «Darf-ich»-Brief an Siegfried Jacobsohn. Nerven sind eine feine

Sonde; sie gehören niemandem als einem selber. Man kann mit ihnen, berührungsscheu, ertasten und erfahren, vielleicht sogar analysieren eine Gesellschaft. Man bleibt eine Gesellschaft mit beschränkter Haftung.

Kurt Tucholsky war nicht nur nicht Teil seiner Gesellschaft im Sinne der Society zwischen Esplanade und Kaiserhof; er war – wie sein Verweigern epischer Strukturen zeigte – auch nicht ihr Teilnehmer im Sinne des Diskurses. Gewiß hat er Stellung bezogen zu zahllosen Ereignissen und Anlässen – und da, vom Kapp-Putsch bis zur Hindenburg-Wahl, zeigt er seismographisch exakt das Richtige an. Aber an einem tiefgreifenden Disput nimmt er nicht teil. Geistige Entwürfe – von Georg Lukács' «Geschichte und Klassenbewußtsein» bis Martin Heideggers «Sein und Zeit» – schleifen keinerlei Spuren in sein Denken; künstlerische Aufbrüche – vom Surrealismus bis Wladimir Majakowski – bewegen es nicht (so verspätet wie verblüfft liest er kurz vor seinem Tod Lautréamont); soziale Konzepte – von Max Weber bis Leo Trotzki – sind die Brückenkonstruktionen neben seiner Lebensstraße: Er sieht die Bögen sich wölben. Und geht – «Jeder geht seinem kleinen Schicksal zu» – unter ihnen hindurch. Natürlich kennt Tucholsky das alles: die Kollontai und den Sinowjew und vor allem Lenin, der ihm «ganz Tatsache, ganz Dokument, ganz Tendenz, ganz Eisen» war.

Nur: mit irgendeiner Theorie hat er sich nie beschäftigt, hieß die nun Kommunismus oder Zionismus. Es gibt keinen Nachweis, daß er jemals Karl Marx gelesen oder Dispute – auch nur in der «Linkskurve» – verfolgt hat; im Malik Verlag wollte er vor allem, «wenn er nicht Peter Panter wäre, Buchumschlag sein» (nicht etwa neben der sowjetischen literarischen Avantgarde oder Franz Jung verlegt werden), und in Siegfried Kracauer sah er offensichtlich nicht den marxistischen Sozialwissenschaftler, eher den pointensicheren Feuilletonisten (den er zur Mitarbeit an der «Weltbühne» aufforderte). Die Leute mit den Schmissen kannte er, und es graust einen noch heute sein Menetekel «Deutsche Richter von 1940» – die Leute mit den Modellen, Entwürfen mißkannte er; es wundert einen die völlige Abwesenheit von Ernst Bloch oder Walter Benjamin oder Ludwig Wittgenstein: «Du darfst mich nicht überschätzen. Hätte ich nur in der Kirchengeschichte oder in Historie oder in Literatur das, was Du in der Medizin hast: nämlich ein festes, wenn auch einfaches Skelett an Wissen, dann wäre mir wohler. Bei mir ist alles nur Dilettanterei, heute ist es Péguy, und morgen wird es jemand anders sein. Nichts sitzt, nichts ist festgefügt, alles lofft auseinander, ich sehe es am Gebäude der französischen Kultur genau», schreibt er an Hedwig Müller.

Mit manchen war er zeitweilig verbunden – mit Johannes R. Becher im Schriftstellerverband, mit Kurt Hiller oder Harry Graf Kessler in der von Hiller gegründeten Gruppe Revolutionärer Pazifisten, mit Georg Ledebour in der USPD, auch war er gar Freimaurer. Doch scheinen das lässig-lästige Klub-Beziehungen gewesen zu sein – der Schriftstellerverband war vor allem ein Instrument zur Beschaffung einer Wohnung für seine geschiedene Frau Mary, über Hiller wie Kessler finden sich in seinen Briefen nur spöttische Epitheta, die USPD ging 1922 – soweit sie sich nicht der KPD angeschlossen hatte – in der SPD auf, und bei der «irregulären» Loge «Unabhängige Großloge des Freimaurerbundes zur Aufgehenden Sonne», von der er sich Kontakte in Paris erhoffte, ließ er sich so selten sehen, daß er – ausgerechnet im Dezember 1935 – wegen der nichtbezahlten Mitgliedsbeiträge ausgeschlossen wurde. Die Unterlagen über die Mitgliedschaft des «Homme de Lettres» Tucholsky, wie er sich in die Listen eintrug, sind im übrigen widersprüchlich: offenbar ist er kurz vor dem Aufbruch nach Paris, im Frühjahr 1924, auf Empfehlung eines Berliner Bekannten in diese Loge aufgenommen und von diesem Dr. H. Lux auch an den «Grand Orient de France» weiterempfohlen worden: «Auf Ihre Anfrage betreffend Er. Kurt Tucholsky gebe ich die Erklärung ab, daß es sich um einen ganz hervorragenden Menschen und wertvollen Bruder handelt, der Ihren LL:. zur innerlichen Bereicherung dienen dürfte.»

Die Bizarrerie dieser Lebensgeschichte will es, daß im April 1922 – diesmal nicht an einen «Bruder», sondern einen «werten Genossen» – ein nahezu gleichlautendes Empfehlungsschreiben, «Mit Parteigruß Fritz Danziger», an die Redaktion der sozialistischen «Freiheit» ging: «Wie ich Ihnen [...] erklärte, gibt es keine Persönlichkeit, die von größerem Nutzen für die ‹Freiheit› sein kann, soweit Kampf gegen Militarismus, Soldatenwesen, Unfreiheit, Sklaverei, dann aber für geistvolle Dichtung, Belletristik und andere wichtige Dinge sein kann, als der erwähnte Kurt Tucholsky [...] Ich muß wiederholen, daß [...] ich es für ein Glück für unsere Bewegung halte, wenn wir diese ausgezeichnete Kraft als ständigen Mitarbeiter für uns gewinnen könnten.»

Einige Sitzungsprotokolle der Pariser Loge bezeugen, daß Tucholsky dort Vorträge über die Beziehung Deutschland–Frankreich hielt oder auch das von Ernst Friedrich herausgegebene Buch «Krieg dem Kriege» vorstellte. Ein ständiger Teilnehmer war er offensichtlich nicht. Ein kleines Gedicht – «Alles Unheil ist das Werk der... Brüder» (Ludendorff oder: Der Verfolgungswahn) – verspottet die Fama der Freimaurerverschwörung und dreht den Spieß um:

Hast du Angst, Erich? Bist du bange, Erich?
Klopft dein Herz, Erich? Läufst du weg?
Wolln die Maurer, Erich – und die Jesuiten, Erich,
dich erdolchen, Erich – welch ein Schreck!
Diese Juden werden immer rüder.
Alles Unheil ist das Werk der... Brüder.
[...]
Geh nach China! Und komm nie mehr wieder! –
Alles Unheil ist das Werk der Heeresbrüder.

Ständiger Teilnehmer» ist Tucholsky nie und an nichts und nirgendwo, an keiner aufgehenden Sonne und an keiner Freiheit. Es gibt zwei tragende Beziehungen in seinem Leben – und die «trugen» nicht, eine davon ertrug *er* nicht. Mit nur geringfügiger Übertreibung darf man sagen: Kurt Tucholsky hat zwei Menschen in seinem Leben geliebt – Siegfried Jacobsohn und seine zweite Frau Mary. Beide hat er nicht «erreicht». Ein Vorgang von zerstörerischer Dialektik.

Der neun Jahre ältere Siegfried Jacobsohn gründete 1905 – nach einer banalen Plagiatsaffäre, die ihn für kurze Zeit Deutschland fliehen ließ – «Die Schaubühne», die er unter Einfluß des politischer denkenden Tucholsky 1918 in «Die Weltbühne» umtaufte. Er war von Beginn an Tucholskys Partner in einer Arbeitsbeziehung, deren Intensität, ja: Intimität, dem Leser des Jahres 1989 kaum mehr zu vermitteln ist. Die beiden wechselten fast täglich Briefe, in den Sommermonaten – in denen Siegfried Jacobsohn die Zeitschrift von seinem geliebten Kampen auf Sylt aus redigierte – fungierte Tucholsky als eine Art «Unterherausgeber», nahm Korrespondenz und Telefonate ab, überwachte den Umbruch in der Potsdamer Druckerei: «Morus hat gesagt, daß alle unsere Beiträge ja im Grunde nur Briefe an S. J. waren – prägnanter kann man das gar nicht ausdrücken», schrieb Tucholsky am 17. Juni 1927 an seine Frau Mary. Allein aus den erhaltenen (bis 1989 unveröffentlichten) Briefen Jacobsohns *an* Tucholsky – fast sämtliche Briefe Tucholskys an ihn sind seit der Gestapo-Beschlagnahme von «Weltbühne»-Redaktion und -Archiv verschollen – geht hervor, daß alle Arbeiten Tucholskys von der winzigsten Kabarettkritik bis zum großen politischen Aufsatz Resultat einer Diskussion waren. Anekdoten, Theaterklatsch, Kollegenintrigen, politische Informationen – all das flog per Postkarte oder Brief hin und her.

Wir haben heute zwar Computer und Satelliten, Autotelefon und Telex und Telefax – aber von der geistigen Leichtigkeit wie dem ernsten Charme dieser Kommunikation mit seinem Redakteur / Verleger kann wohl ein Autor heute nur träumen:

K. T. «Anliegend Antwortenstoff. Ich führe darüber kein Buch, aber ich habe den Eindruck, als ob die wenigsten der Antworten, die ich Dir schicke, gedruckt werden. [1] Das überlasse ich natürlich vollkommen Dir, nur sag mir bitte, ob ich weiter so machen soll [2] oder nicht, denn da es die unangenehmste und kniffichste aller Arbeiten ist, möchte ich sie nicht gern umsonst tun.
Abgesehen davon, rate ich, die Antworten kürzer, witziger und spritziger zu machen. [3] Es sind häufig brave kleine Artikelchen, und das ist doch nicht der Sinn der Sache. [4]»

S. J. «1. Ein Irrtum. Sie werden z'erscht amal sämtlich gesetzt. Und dann werden sie nach und nach gedruckt. Und da sich das auf Monate verteilt und in jeder Nummer sieben Zehntel Antworten auf wichtige Fragen von mir sind, merkst Du nicht, daß mit Deinen drei Zehnteln allmählich, ganz allmählich Dein Vorrat verbraucht wird. Selbstverständlich nicht der ganze Vorrat, weil unvermeidlich ist, daß ein paar mit der Zeit stofflich veralten.

2. Ja – nur vielleicht in kurzen Zwischenräumen, weil dann eben weniger Stücke stofflich veralten.

3. Leicht gesagt. Ich will mir Mühe geben.

4. Gewiß nicht. Aber manchmal will die Sache, der Stoff gerade so.»

K. T. «Der Professor Basch ist neulich auf unsere Kritik über Chevalier ins Casino de Paris gegangen. Jetzt weiß ich endlich, für wen ich meine Pariser Berichte schreibe.»

S. J. «Ja, für wen dachtest Du denn sonst?»

K. T. «Mehring ist in Algier.»

S. J. «Massel und Brooche.»

K. T. «Hasenclever fährt nach Berlin zu seiner Premiere ‹Mord›.»

S. J. «Möglichst ohne mir.»

K. T. «Warum habe ich eigentlich nichts im Blättchen über Zuckmayers ‹Weinberg› zu lesen bekommen? Das kann ich als langer Abonnent verlangen.»

S. J. «Der Besitzer schickt grundsätzlich mir keine Plätze. Und ich trage ihm, dem Professor Altenberg, grundsätzlich keinen Pfennig ins Haus.»

K. T. «5 Beiträge in einer Nummer! Wie gut, daß ich die Annoncen nicht auch noch zu schreiben brauche.»

S. J. «Da keine drin sind, wärs eigentlich richtig, daß Du auch sie noch schriebest.»

Seifenblasen? Seifenblasen – doch voller Schwebelust, Heiterkeit und Farbe. Keine «Aktennotizen», «Hausmitteilungen», «Umläufe mit Verteiler».

Aber mehr noch: zahlreiche Texte Tucholskys sind von Jacobsohn angeregt, «bestellt» – und verworfen worden. Siegfried Jacobsohn war ein liebevoll-strenger Redakteur, der nicht nur mahnte, «habe nur noch zwei Panter, einen Wrobel, zwei Tiger», sondern der auch Tucholskys Artikel, Glossen, sogar seine Gedichte bemängelte, kürzte, nicht druckte oder – sehr oft – Veränderungsvorschläge machte; stilistische wie inhaltliche. Der Ton ist gelegentlich sogar rüde, manchmal herablassend, oft schnippisch. Immer spricht hier einer, der nicht «imponiert» ist. «[...] es ist das ein rein persönliches Verhältnis gewesen, das sehr stark an Vater und Kind erinnert, und ich glorifiziere nicht nachträglich –» bekennt Tucholsky in einem Brief an Maximilian Harden. Es war ein klares Obenunten-Verhältnis. Unten war Tucholsky – der diese Beziehung genoß wie nie je und nie wieder eine zu einem Mann. Er liebte nach oben. Siegfried Jacobsohns Tod hat er nie verwunden. Es ging noch allerlei weiter – aber die A-Saite war gerissen, als Siegfried Jacobsohn am 3. Dezember 1926 starb. Das war das Jahr, in dem Tucholskys Ehe zerbrach.

Die kühle Blonde, die er 1917 im Baltikum kennenlernt, verweigert sich lange und hartnäckig; sie weist den mit seinen Frauenabenteuern nebenhin renommierenden Siebenundzwanzigjährigen – «Das Eigentliche für den Großstadtmenschen, das ist: dieses Sichverfressen in eine Frau» – nicht nur ab, sondern auch zurecht. Mary Gerold redigiert seine Gefühle. Als könne man ein Feuer mit Kälte anfachen: Dieser gewiefte junge Berliner brennt bald lichterloh. Die Briefe dieser Zeit sind so zart und drängend, behutsam und stürmisch zugleich, von einer so kristallinen menschlichen Qualität, daß man sie getrost zu den schönsten Liebesbriefen der deutschen Literatur dieser Epoche zählen darf: «Wie man ja denn von einer Frau meist gar nicht das verlangt, was Frauen immer am wertvollsten an sich dünken: die Nacht – sondern vor allem den Tag. Ich will mich mit der ganzen Welt herumhauen – aber ich will wissen, wofür, und daß mir abends eine die Hände über die Augen legt und sagt – aber sie braucht nichts zu sagen. Wenn sie nur da ist. Es ist wie eine stille Insel, zu der die Gedanken immer wieder zurückkehren: nach all dem Kram und Lärm und Geracker – zurück zu ihr.» Das hat Anstand und jenes große Zittern nach Glück, von dem jeder Mensch vielleicht nur einmal in seinem Leben umgestülpt wird.

Als die Flamme die baltische Kälte leckt, schließlich schmilzt – der Briefwechsel ließe das genau datieren –: wird die Farbe des Feuers fahl. Solange Tucholsky ganz nach oben – gar in die Ferne? – schaut, sind alle seine Fasern gespannt, Panter und Tiger zusammen schnellen ihre Sehnen und Muskeln. Ist Erfüllung auch Enttäuschung, zumindest im Doppelsinn des Wortes Ent-täuschung?

Dies ist das Zentrum des Menschen Kurt Tucholsky. Er ist ein großer Liebender – von Ideen. Die Idee Frau, die Idee Sozialismus, die Idee Revolution: davon kann er singen und sprechen und schreiben wie kaum ein anderer – zärtlich, metallen, kämpferisch. Droht diese Idee – eine dieser Ideen – zur Realität zu werden, versagt er sich; flüchtet. Bei Frauen und vor ihnen in Abenteuer. In der Politik hinter die Schalen und Krusten seiner Bürgerlichkeit. Deswegen auch ist Tucholsky ein so grandioser Briefschreiber – «der Briefschreiber par excellence zwischen den zwei Weltkriegen», hat Walter Mehring ihn genannt –: Briefe schreibt man ja an einen, der nicht da ist; unerreichbar. Briefe sind pseudonyme Existenzen. Wehe, derjenige, diejenige, dasjenige nähert sich – kein Igel kann sich so einrollen, keine Schildkröte ihre Extremitäten so einziehen, wie Tucholsky buchstäblich «verschwindet» angesichts dieser Bedrohung. Die größte Gefahr für den homme à femmes Tucholsky ist eine «reale Frau». «Bleib da», heißt es in dem Moment, in dem – 1918 – die Gefahr droht, die junge Baltin könne nach Berlin kommen; «Ich rate Dir aber nicht, nach Deutschland zu gehen»; «Wenn Du gescheit bist, dann gehst Du wieder zu Mama und wartest», in den folgenden Briefen. Als nach Kriegs- und Nachkriegswirren Mary Gerold in Berlin eintrifft, geschieht genau das. Es ist nicht die – am 3. Mai 1920 anscheinend fluchtartig eingegangene – Ehe mit Else Weil, die trennt. Endlich zusammen sein heißt für ihn:

bloß nicht beisammen sein. Tucholskys Brief vom 16. Februar 1920 ist bis ins Vokabular hinein – «Glaswand – als Du gar nicht da warst» – Bestätigung für die These, «die Wirklichkeit ist ängstigend».

«Was es ist, weiß ich nicht. Ich habe Dich – oder was sonst? – zwei Jahre hindurch geliebt, wie man nur jemanden lieben kann – und was geht nun hier vor? Es ist, wie wenn eine Glaswand zwischen uns ist – und ich kann sie nicht brechen. Ich habe mich frei und offen mit Dir unterhalten, wenn ich abends im vorigen Winter an der Schreibmaschine saß – als Du gar nicht da warst – ich tue es mündlich zwar heute noch – aber ich weiß nicht, was es ist, das sich mir dabei auf die Brust legt. – Es ist irgend etwas nicht in Ordnung.

Was es ist, weiß ich nicht. Ich stehe vor einem Rätsel. Ich sehe hier nun gar keinen Ausweg.»

Wir werden in späteren Krisen den Worten «Ich weiß es nicht» und «kein Ausweg» noch häufig genug wiederbegegnen. Wie ein Tier sich verkriecht, stellt Tucholsky sich tot. Eines Tages wird er sich töten.

Ganz lösbar ist das Rätsel nicht. Wir können nur versuchen, uns dem Geheimnis zu nähern. Das Bezaubernde der frühen Werbe- und Liebesbriefe liegt ja darin, daß Tucholsky immer und immer seinem Glück Ausdruck gab, den *Partner*, den Kameraden gefunden zu haben: « [...] aber, kleine Meli, Du kannst viel mehr als eine Geliebte. Und ich glaube, und das mußt Du mir schon erlauben, zu glauben, es ist so selten, so ganz selten, daß eine Frau einmal beides zugleich ist: Gefährtin und Geliebte. Die Geliebten können keinen Kaffee kochen, und die Gefährten vernachlässigen sich nach dem ersten Kind, weil ja keine

Konkurrenz mehr da ist, wie sie denken. Und ich bin sehr froh, einmal eine gefunden zu haben, die – immer, ja? – beides ist und sein wird: eine liebe Gefährtin am Tag und – das andere.»

Und wie immer, wenn er – der Voodoo-Priester aus Berlin-Moabit – die eigene Un-Wahrheit zur Wahrheit umbeschwören will, setzt er seine Worte wie Zaubertränke ein; als wollte er sich und sein «Opfer» in ein Verlangen aus dieser Welt heraus und in irgendein Universum irgendeines großen Manitu hineintranszendieren: unlebbar, deshalb schön. Selbst die Maske dieses Rituals macht fremd. Zeitlebens hat er Mary Er genannt: eine homoerotische Gottheit, die man besser nicht berührt. Das erinnert an den frappanten Ausspruch der beiden Brüder Goncourt: «Die Frau – zwei paar Flügel um einen Phallus.» Kurt Tucholsky hat zu dieser Frau, der die Schlußeintragung in seinem Sudelbuch gilt – «ich habe nur eine Frau in meinem Leben geliebt» –, fast nie du gesagt.

Interessant ist zu beobachten, wie ein zuweilen «unterlaufendes» Du abgepolstert wird: stets im Bunde mit einer Vermännlichung. «Lieber Matzjunge» heißt das dann oder «Du ganz dikkkkkkkkker Mann». Nun hatte Tucholsky wahrlich keine homosexuellen Neigungen – derartige Verborgenheiten sind es also nicht. Vielmehr ist es eine Verfremdung; wenn die Frau schon auf Du-Nähe herangeholt wird, dann auf der *eigenen*, männlichen Ebene – im zweiten Brief an Mary überhaupt, 1917, heißt dieses Wesen bereits «Kamerad».

Das ist auch Menschenbild; von sich, von anderen. Von Frauen gewiß. Die «Menschwerdung der

Frau» hat im Begriffssystem, im Wahrnehmungsapparat Tucholskys keinen Platz; oder als Witterung von Gefahr. Heilige oder Hure, aber nicht Frau.

Im *Kopf* weiß Tucholsky, daß es das nicht gibt: «Ich mag die Männer nicht leiden, die ihre Frauen zu Heiligen machen – die fallen dann herunter von dem Sockel, und dann geht gewöhnlich etwas kaputt» – das sieht er klar, auch voraus. Was ihn nicht hindert, in eben jenem «Bitte-warte-noch»-Brief Mary zweimal mit «Liebe Heilige» anzureden. Sechs Wochen später fällt der verräterische Satz «Ich entbehre meine Mutter heute noch...».

Wir stehen auf schwankendem Boden. Die Rolle der Frau bei der Produktion von Kunst durch Männer – das ist kein Thema, das nur Tucholsky betrifft. Die Wege großer Künstler sind gesäumt von toten Frauen, psychischen Opfern zumindest. Bekannt ist Gustav Mahlers «Anweisung»: «Du hast von nun an nur einen Beruf – mich glücklich zu machen! Verstehst Du, was ich meine, Alma? Die Rolle des Komponisten fällt mir zu – Deine ist die der liebenden Gefährtin und verständnisvollen Partnerin.»

Bei dem achtundzwanzigjährigen Kurt Tucholsky liest sich das in einem seiner ersten Briefe an Mary Gerold, in dem er die unverwechselbare Natur des Mannes dem Kraftfeld des Mondes gleichsetzt – der also Ebbe und Flut bestimmt –, so: «Aber man darf dem Mond nicht böse sein, daß er scheint. Das ist –

gewissermaßen – sein Beruf. Und hat eine Frau nicht auch einen – Beruf?» Dieser «Beruf» gleicht der mütterlichen Pflicht zur Ernährung. Die Mutter ist das stets vorhandene, alles verstehende, alles verzeihende Wesen. Mary Tucholsky hat die Rollenzuweisung zumindest partiell angenommen: Sie nennt sich – doch wohl nach dem weiblichen Känguruh – «Beuteltier»; und sie adressiert Post für ihn gelegentlich an «Herren Ludolf Tucholsky» – so hieß der nie geborene Sohn. Mütterliche Geborgenheit. Da man in sie nicht zurück kann – «Warum seid ihr nicht im Schoß eurer Mütter geblieben», heißt das bei Brecht –, wird die «Idee Mutter» erweitert zu: Natur. Bei Tucholsky ist das deutlich. In vielen Briefen setzt er die Weite und Stille der baltischen Landschaft in Beziehung zu der Baltin Mary. Das eine ist dem anderen synonym. Mit einer Landschaft, die etwas «von ihm will» – Gebirge oder Palmen-Süden –, spricht er nicht. Tucholsky, der Vielgereiste, war nie in Rom, Florenz oder auf der Akropolis. Das wäre «Arbeit» gewesen, Teilhabe. Seine Liebeserklärung gilt, von Jugend an, den schweigenden Buchenwäldern an der Ostsee, den märkischen Seen. Schon die Nordsee nimmt ihn zu sehr in Anspruch.

Eines seiner schönsten – und leicht sentimentalen – Bekenntnisse zum Thema «Heimat» fügt er als Abschluß dem aggressiven Buch «Deutschland, Deutschland über alles» an; da heißt es: «... außerdem hat jeder sein Privat-Deutschland. Meines liegt im Norden. Es fängt in Mitteldeutschland an, wo die Luft so klar über den Dächern steht, und je weiter nordwärts man kommt, desto lauter schlägt das Herz, bis man die See wittert. Die See – Wie schon Kilometer vorher jeder Pfahl, jedes Strohdach plötzlich eine tiefere Bedeutung haben ... wir stehen nur hier, sagen sie, weil gleich hinter uns das Meer liegt – für das Meer sind wir da. Windumweht steht der Busch, feiner Sand knirscht dir zwischen den Zähnen ...

Die See. Unvergeßlich die Kindheitseindrücke; unverwischbar jede Stunde, die du dort verbracht hast – jedes Jahr wieder die Freude und das ‹Guten Tag!› und wenn das Mittelländische Meer noch so blau ist ... die deutsche See.»

Tucholsky hat nachdenkend viel geschrieben über den Zusammenhang von Erotik und Reisen. Es gibt auch einen von Erotik und Landschaft. Dieser kann er sich hingeben, sie nimmt ihn auf und an – und ist nicht besitzergreifend.

Das ist *er*. Der Mond beherrscht ja die Gezeiten. Er diktiert Gedicht wie Nachtmahr. Er ist autark, so unnahbar-fern wie gewaltsam. Er genügt sich. Er ist das androgyne Prinzip – la lune.

Dieser männliche Verfügungswahn ist der kreative Mechanismus vieler Künstler. Gottfried Benns Dicta über seine Frauen, an denen er zu loben weiß, daß sie Bettlaken richten oder Jalousien reparieren können, sind so bekannt wie Bertolt Brechts barbarische Nutzung seiner Mitarbeiterinnen. Tucholsky hatte zu Brecht zeitlebens ein gebrochenes Verhältnis – er bewunderte den Lyriker, mokierte sich über den gefälschten amerikanischen Grobianismus des frühen Dramatikers und ärgerte sich über den «Herrn Lax», der es mit dem geistigen Eigentum anderer nicht so genau nahm. Mal sagt er «Der Mann ist unwahr» und mal wieder «Ich arbeite gerne mit Brecht». Vermutlich wußte er gar nicht, wie nahe sie sich waren in ihrer Ferne zum anderen Geschlecht. Beide lebten fast ständig mit mehreren Frauen – säuberlich nach Funktionen sortiert: die Mutter, die Geliebte, die Sekretärin, die Mitarbeiterin. Beide setzten als selbstverständlich voraus, daß die Frauen sowohl diese Einteilung akzeptierten wie die Gleichzeitigkeit respektierten. Beide haben und hätten das Umgekehrte bei keiner Partnerin geduldet. Die See bestimmt schließlich nicht die Bahn des Mondes. Der Schriftsteller ist sein eigenes Naturereignis, sein Gesetz. Er ist der Künder. Das ist ein Singular. Die Gemeinde ist ein Plural.

Schon im Jahre 1914 benutzt Tucholsky in einer Rezension über Wilhelm Schäfers Buch «Die unterbrochene Rheinfahrt» nicht zufällig den Kanzelton: «Da steht etwas von den Frauen – das hört an: ‹Gerade, daß sie ihm so fremd war, daß sie, durch alle Dinge der sogenannten Bildung von ihm getrennt, seine Fragen kaum verstand und also mehr ein gezähmtes Tier als einen Menschen für ihn vorstellte, das löste ihm die Sprache: wie das überhaupt von allen Geheimnissen der Frau das tiefste und für den Mann erlösende ist, ihn auf den Sinnengrund des Lebens zurückzuführen, oder – wie Johannes es später in Worte brachte – aus einem denkenden Menschen für Minuten seliger Vergessenheit ein fühlendes Tier zu machen…›

Ein fühlendes Tier – kann man das besser sagen?»

Die Antwort hat Kurt Tucholsky das Leben gekostet.

Er beginnt 1922 erneut um Mary Gerold zu werben, Billetts, Theaterkarten, Blumen und Parfum, auch mal eine Dauerwurst waren in Berlin hin und her gegangen, ein diskreter Bienentanz. Doch selbst in dem wohl entscheidenden Brief, der die neue Annäherung bringt, ist der Rückzug eingebaut; Verantwortung will Tucholsky *nicht* übernehmen:

«Er ist damals vier Monate zu früh nach Berlin gekommen – ich hatte gar kein Geld und wußte nicht weiter. Dann ging es nicht und dann verdiente ich im Jahr darauf und ging mit dem Geld so um, wie man es nicht hätte tun sollen. Das ist vorbei, und ich kann von vorn anfangen.

Ich habe nicht das Recht, Ihm irgend etwas zu sagen –: und wenn Er heiraten will oder Sein Herz weggegeben hat, so soll Er das tun. Ich kann auch nicht die Verantwortung übernehmen, auch nur einen Satz zu schreiben, der Ihn veranlassen sollte, etwas zu tun oder nicht zu tun. Ich will Ihm nur sagen, daß ich heute weiß, wie ich auf die Weise die zwei bösesten Fehler meines Lebens begangen habe. Mit Ihm und dann später. – Ob das je wieder gut zu machen sein wird, weiß ich nicht.

Ich weiß nur: ich habe Ihn nicht vergessen. Er ist die einzige Frau, von der ich mir denken kann, daß sie mir ein Kind schenkt – und Er ist die einzige, auf die ich eifersüchtig war wie ein kleiner Junge und die ich geliebt habe wie nie jemand.»

Selbst dieses Finanzdetail, dieses ständige Wegwerfen von Geld – eine Art nach außen gekehrter, gleichsam säkularisierter Lebensekel – ist aufschlußreich. Tucholsky hat zeit seines Lebens viel Geld verdient, in manchen Jahren sogar sehr viel; er bezeichnet sich selber als einen «der bestbezahlten deutschen Journalisten», erinnert sich in einem Brief an Walter Hasenclever der Zeit, da er «schwellend vor Geld» mit seiner französischen Geliebten Jean de Montaignac reiste, und eine andere Liebhaberin, Lisa Matthias, berichtet dem gemeinsamen Freund Karlchen noch 1931, daß «der Dicke vor Goldrausch nahezu zerplatzt, sich à la Jannings benimmt und kleidet... und wild um sich rum einkauft». Tatsächlich verdient Tucholsky schon Mitte der zwanziger Jahre nach heutigem Geldwert jährlich ca. 150000,– Mark, reist viel, steigt nur in allerersten Hotels ab und bewohnt bis zu seinem Tode eine von ihm selber luxuriös ausgestattete Fünfzimmervilla, in der die dreifachen Samtportieren so selbstverständlich sind wie eine vieltausendbändige Bibliothek oder eine Haushälterin mit Dienstmädchen. Dagegen konnte noch 1931 Richard Oelze, nachdem Philipp Reemtsma ihm seine Zeichnung «Urlandschaft» für 500 Mark abgekauft hatte, damit lange Zeit in Paris leben. Tucholsky ist, wie Freunde von ihm sagten, ein reicher Mann, der kein Geld hat – er will das Geld, aber er mag es nicht. Seine Lebensgewohnheiten konnten so spinöse Formen annehmen, daß sich etwa dieser Brief des notorischen Hundehassers in seinem holprigen Deutsch wie die Parodie einer Parodie liest:

«Sehr geehrte Herren,

ich beabsichtige eine junge dänische Dogge zu kaufen und ich bitte Sie möglichst ausführliche Offerte darüber zukommen zu lassen sowie mir mitzuteilen, ob und unter welchen Bedingungen ein solches Tier nach Frankreich, wo ich augenblicklich wohne, transportiert werden kann. Die Preise bitte ich mir auch dann mitzuteilen, wenn dem Transport besondere Schwierigkeiten entgegenstehen sollten. Gleichzeitig wäre ich Ihnen dankbar, wenn Sie mir mitteilen könnten, ob es eine Hunderasse gibt, die sich ‹Ulma-Dogge› nennt, und wie teuer solche Tiere sind. Für Übersendung von Katalogen wäre ich Ihnen sehr dankbar.

Zur Deckung ihrer Unkosten füge ich in der Anlage 50 Pfg. in Marken bei.

Mit den besten Empfehlungen
ergebenst»

Ähnlich der ebenfalls spinösen Angewohnheit, einen Anzug nicht zweimal zu tragen, ohne ihn reinigen zu lassen, hat er eine Art finanziellen Waschzwang – er wirft das mühsam verdiente, oft erkämpfte, manchmal erjagte Geld fort. «Er pfiff darauf» – mit diesem Satz endet die erste von Tucholsky publizierte Arbeit, das «Märchen»; so geht er, selbsterschaffene Figur eines dunklen Märchens, mit sich selber um, das von ihm mit soviel Eifer Ersehnte nach der Melodie «Glück und Gut tut nicht gut» von sich wehrend.

Komm – aber bitte bleib fort. So auch im Privaten. Die blutjunge Mary, verhext, aber auch verwirrt, spürt das Unheimliche. Rührend, einem Schmetterling ähnlich, der ins Licht flattert und wieder davontaumelt, angezogen und abgestoßen, fasziniert und geängstigt, die Flügel verbrannt und auf einer Flucht, von der sie aber gewendeten Kopfes zurückruft «Hol mich, erlöse mich», schreibt sie ihm schon im August 1923 – da ist er noch nicht von Else Weil geschieden:

«Ich bin heute vom Urlaub nach Hause gekommen, ich habe Ihn nach zehn Tagen wiedergesehen – das, was die ganze Zeit auf mir lastete, ist noch schwerer, noch drückender geworden – ich finde keine Befreiung. Eine unbegründete, unerklärliche Furcht durchzieht meinen Körper, das Herz setzt aus, mir wird es heiß vor Angst. – Wovor? – Geht es nicht?

Er gehört mir nicht, ich kann aus Stolz nicht zu Ihm kommen, wenn ich weiß, ich besitze Ihn nicht bis zum letzten Blutstropfen. – Er sah heute so abgequält, unfroh und müde aus. Ich weiß, ich laste, oder ‹Es› lastet ebenso auf Ihm. Die zehn Tage, die ich allein oben war, gaben mir Zeit zum Nachdenken. Ich bin nicht glücklich. – Es gibt Tage, an denen ich es bin, aber dann wieder gibt es Stunden, wo ich kaum atmen kann. Ist es der Altersunterschied?

Für Ihn gibt es nichts Neues mehr, alles ist in allen nur denkbaren Nuancen durchlebt. Er trägt so viel mit sich, es ist nicht wahr, daß ein Mann nur gibt, daß an Ihm nichts haften bleibt. Ich fühle es doch! Ich höre alle Erlebnisse, Momente, Erinnerungen ohne Worte, die in und an Ihm sind. – Es ist nicht Eifersucht – es ist viel schlimmer: es ist der Vorsprung, den Er hat und den ich nie erreichen kann. – Für mich ist es Erleben, neu, ungekannt – für ihn Vergleichen, Aufklingen einer Saite. Ich will mich an etwas ganz verlieren, ich weiß, das mir das das Leben erschwert, ich will aber nicht halb sein, nur halb ausgefüllt, nur halb glücklich. –

Ich weiß, daß Er rührend um mich besorgt ist, daß

Er mich gern hat – aber das Letzte, das Allerletzte? Vielleicht besitzt Er es gar nicht mehr, hat es an hundert Stellen verbraucht, und ich erwarte etwas von Ihm, das Er nicht zu geben hat?

Ich weiß nicht ein noch aus. Es ist nichts Äußerliches, das mich bewegt, Ihm das zu sagen, aber ich kann es nicht länger mit mir herumschleppen, es reibt mich zu sehr auf.

Es wäre besser, ich könnte oberflächlicher lieben. Vielleicht lerne ich es noch, mich nicht an *ein* Etwas ganz zu hängen.

Ganz Seine Meli»

Am 30. August 1924 heiraten Kurt Tucholsky und Mary Gerold. Das ist das Ende ihrer Beziehung. Noch ein Jahr vor der Hochzeit schreibt er ihr: «Und das Herz voller Angst: ja, *darfst du denn überhaupt* einen andern Menschen an deinen Jammer ketten, an dieses unerfüllte, halb gescheiterte, kaputt gemachte und deutsche Leben niederster Observanz?»

Nun hat er alles, was er will – und wovor es ihn graust. Er hat eine «Dame des Hauses», eine Haushälterin, eine Sekretärin – «ich müßte mich zerreißen, wenn ich alles täte, was er wünscht» –, einen Menschen, der ihm total ergeben ist, ihn vorbehaltlos liebt. Das Entsetzen ist Tucholsky ins Gesicht geschrieben – etwa auf dem berühmten Foto aus dem Jahre 1928, auf dem man eine (besitz)stolze Frau und einen Tieftraurigen, zum Tode Verurteilten sieht; sie blicken einander nicht an.

Vorbehaltlos? Die Frau, die viele kleine Liebeleien, Tanzflirts und Theaterrendezvous hatte, aber sich nie jemandem ganz gegeben, spürt, daß sie auf Sand gebaut hat. Im Juni 1924 heißt es in einem Brief: «[...] und dann weiß wieder, und dann weiß wieder nicht, wie denkt, ach, das war einmal». Vier Wochen später schreibt sie: «Aus Briefen kann man viel herauslesen, am meisten zwischen den Zeilen. Kommt abgespannt nach Hause, findet Brief vor, liest, stolpert über ein Wort, stutzt, wird scheu und läßt sich treiben von vielen möglichen Gedanken. Weiß doch, wie Nungo ist u. *war*. Gewiß kann Er tun u. lassen, was Er will, aber möchte nicht auf Flugsand bauen, sondern auf rocher.»

Es war kein Fels, nur Brandung; und Flugsand allemal.

Am 1. April 1924 hatte Tucholsky Berlin verlassen. Er hat zwei Verträge in der Tasche – als Korrespondent der «Weltbühne» und als Feuilleton-Berichterstatter der «Vossischen Zeitung». Sein Einkommen reicht, aber er hat kein Auskommen mit sich. Das junge Paar ist fast nie zusammen. Er in Paris, sie in Berlin – er in Berlin, sie in Paris; auf Wohnungsuche. Ist eine Wohnung gefunden, wird eine neue gesucht – die eine ist zu laut, die andere zu teuer, die nächste zu klein oder das Arbeitszimmer liegt zur Straße. Ist Tucholsky in Paris, reist Mary durch Italien, ist sie in Paris, geht er nach Dänemark oder immer wieder zwischendurch nach Berlin; gewiß nicht alleine. Mary führt das Haushaltsbuch, findet sich in den chaotischen Finanzen nicht zurecht, fragt verzweifelt, wo diese oder jene tausend Mark geblieben sind, oder schickt Telegramme, deren Stil für sich sprechen:

«Wie geht ist Kommen erwünscht xzen»

«Erwarte Euren Anruf heute 7 Uhr xzen»

Sie machen eine einzige größere Reise zusammen, aus der – in vier Wochen geschrieben – das «Pyrenäenbuch» wird, das 1927 im Berliner Verlag «Die Schmiede» erscheint. Mary Tucholsky kommt auf den 250 Seiten der Buchausgabe nicht vor. Später gesteht er ein: «Nie war ich unglücklicher, zerrissener, ungeklärter und mehr durcheinander, als damals, als ich das ‹Pyrenäenbuch› schrieb. Das ist nun wirklich ‹heruntergehauen› [...].» Nun soll man – und in diesem Fall: kann man wohl auch gar nicht – jemandem nicht seine Frauenaffären aufrechnen; daß Tucholsky zahllose hatte, ist bekannt. Das mochten mal Wendriner-Schlawinereien sein, wie Lisa Matthias sie später empört Freund Karlchen erzählt – «so richtig ‹vom Bett weg› ins andere»; «er ist und bleibt verhurt. Nichts als das. Und es wird immer schlimmer» –, und das mochten mal ganz offene, eher banale Betrugsdramaturgien sein: aus Schweden, wo er praktischerweise ein Verhältnis mit seiner Sekretärin Gertrude Meyer hatte, schreibt Tucholsky 1934 an seine Geliebte Hedwig Müller in Zürich, wie bezaubert er bei einem Paris-Besuch doch wieder von seiner Liebhaberin Jean de Montaignac gewesen sei. Wie jener «Herr Lax» verlangt er unbedingte Treue – vom anderen. Wird die gebrochen, weint er schon mal, ist boshaft, verletzt, traurig. Tragisch war es zumindest für Mary Tucholsky. Und zuzeiten auch für die kesseste seiner Liebhaberinnen, das «Lottchen»; Lisa Matthias war ganz gewiß eine hochintelligente, für ihre Zeit sehr emanzipierte Frau und sah nicht nur das Auseinanderdriften der Ehepartner sehr genau – «sie hat es satt und er gönnt sie keinem anderen» –, sondern auch den Riß in Tucholskys Persönlichkeit: «... weil Leben nicht Teilnahmslosigkeit bedeutet, sondern Anteilnahme.»

Das stimmt. Aber es ist ein Kürzel. Kurt Tucholsky ist nicht ohne Anteilnahme. Er weiß, wann er unrecht tut; und tut es dennoch. Jenes Zitat aus dem Sudelbuch, Mary Tucholsky betreffend, geht weiter: «... und ich werde mir nie verzeihen, was ich ihr angetan habe.»

Mary Tucholsky hat wohl zutiefst nie verstanden, was da – mit ihr – geschah. Ich darf das sagen, ich war im Auf und Ab eines Vierteljahrhunderts mit ihr befreundet. Sie war, das altmodische Wort paßt, eine vornehme Frau. Sie war gerade, Kurt Tucholsky war krumm. Das bot nicht viel Berührungsfläche. Seine kleinen Wendrinereien waren ihr ohnehin fremd. Aber ebenso gewiß diese innere Disposition, stets das haben zu wollen, was fern ist – und zu verachten, was da ist; einschließlich seiner selbst. Diese Doppelheit begriff sie wohl das erste Mal, als sie Tucholsky bei einer gefühlvollen Korrespondenz mit seiner geschiedenen Frau Else Weil ertappte: «Ich will nicht bitter werden, aber ich finde, entweder man ist anständig und handelt anständig und verlangt dafür keine ewige

Anerkennung, oder man läßt sich nicht scheiden. Er hat mir nie gesagt, daß es *so* um sie steht.

Ich habe aber einen gesunden Egoismus, Eitelkeit, Selbsterhaltungstrieb wie Er will, und ich bitte Ihn um folgendes:

Schreib Er mir, wenn Er Lust hat, denn ich kann darüber nicht sprechen, bei dem Gebein seines Vaters, wie Er heute ehrlich zu ihr steht. Bitte nicht lügen, damit verwickelt er die Sache unnütz, Er weiß, ich kann eine ganze Portion vertragen. Dann können wir immer noch beraten u. weitersehen. –

Ich sehe ein, heute mehr als früher, daß Er ihr auf ihre Briefe antworten muß. Aber ich bitte Ihn, wenn Ihm etwas an meiner Ruhe liegt, keine sentimentale Correspondenz daraus werden zu lassen. Wozu ist Er Schriftsteller, wenn Er nicht schmerzlos unter der Hand das ‹Besetzt-Zeichen› geben kann.»

Daraus spricht eine Noblesse des Herzens. Dafür war Tucholsky nicht unempfänglich; der Abschiedsbrief an diese Frau ist hinreichend Beweis – angesichts des Todes lügt man nicht. Aber es war nicht *seine* Noblesse. Insofern greift der Satz der flotten Lisa Matthias, «der Dicke ist einer Leidenschaft wohl kaum fähig», daneben. Er war der Leidenschaft fähig, und der Liebe; dieser einen, die er einbekannte, ehe er im Dezember 1935 das Gift nahm: «Wenn Liebe das ist, was einen ganz und gar umkehrt, was jede Faser verrückt, so kann man das hier und da empfinden. Wenn aber zur echten Liebe dazu kommen muß, daß sie *währt*, daß sie immer wieder kommt, immer und immer wieder –: dann hat nur ein Mal in seinem Leben geliebt. Ihn.»

Aber diese Liebe war Bedrohung. Nahm sie Gestalt an, hatte Name, Adresse, Haut und Haar – kam die Panik. Wäre Tucholsky nur der spitzzüngige Journalist der sicheren Pointen gewesen, der etwas gescheitere Leitartikler und etwas geschmackssicherere Literaturkritiker, dann hätte – angesichts der ständig wechselnden Bettaffären – sein schnippisches Wort «Mit ihr schlafen ja, aber keine Intimitäten» Lebensmotto sein können.

Tucholsky war aber Künstler. In ihm nistete eine Urangst: vor dem Außen. Die Welt ist der Feind. Die Frau ist die Welt. Man will sie – erobern, besitzen, Teil von ihr sein, «zurück». Aber vor der Pforte der Welt verharrt der Schritt:

> Eintreten sollst du – in eines dieser Häuser,
> in welches, ist ihnen gleich –
> aber in eines,
> und darum rufen sie:
> – ‹Hej!›
> [...]
> geh nicht hinein.
> [...]
> Geh deinen Weg. Es gibt so viele Wege.
>
> Es gibt nur ein Ziel.

Es ist das Grauen vor dem Erhofften, das Zurückschaudern vor dem Ersehnten, das wir – quer durch die Jahrhunderte, Nationen und Kunstdisziplinen – von fast ausnahmslos jedem Kreativen kennen; eben die Frage nach der Rolle der Frau bei der Produktion der Kunst von Männern, die schon gestellt wurde: bei Leo Tolstoi oder Franz Kafka, bei Heinrich von Kleist oder Gottfried Benn, bei Albert Camus oder Oskar Kokoschka und Richard Lindner: nie ist klar, ob die Gebärde des Flehens nicht zugleich eine Geste der Abwehr ist. Doch, es ist klar.

Ist die Frau vielleicht das andere – gar konkurrierende? – Produktionsprinzip? Ist da ein anderer Schöpfungsakt, der so selbstverständlich konkret ist wie der, den ein frauenfeindlicher Musil mit einer Prosazeile, ein frauenzögerlicher Rilke mit einer Gedichtzeile nicht schaffen können? Ist deshalb diese Repräsentanz der Welt gleichzeitig Ursache der Diskrepanz?

Tucholsky hat nicht zufällig schon als ganz junger Mann Christian Wagner bejubelt und dessen Gedicht «Die Geschlechter» in voller Länge in einer Rezension gedruckt:

> Ist dies nicht ein frevles Schicksalswalten,
> Menschtum in zwei Teile zu zerspalten?
>
> In zwei blutige Hälften zu zerreißen,
> Eine Mann, die andre Weib zu heißen?
>
> Beide voll von heißem Sehnsuchtsdrange,
> Sich zu finden auf des Lebens Gange,
>
> Ich dem Ich zur Opfergab zu bringen?
> Ach wie wenigen, wenigen mags gelingen,
>
> Ohne Losung, Fährten oder Spuren
> Sich zu finden auf des Lebens Fluren!

Selige Kindheit, die nicht kennt die Wirren,
Nicht der Liebe grausam töricht Irren!

Selige Blume, die nichts weiß vom Fluche
Lebenslanger und vergebner Suche!

Der gleiche Gedankengang – was für ein Lebensbogen – findet sich wenige Monate vor Tucholskys Tod in seinen «Q-Tagebüchern»: «... daß Mann und Frau immer eine Art Gegnerschaft bilden; daß sie sich nie, nie ganz und gar verstehen können; daß immer noch ein Rest bleibt.» Wie sollte Mary Tucholsky – eine junge Frau, die tanzen wollte und lachen und glücklich sein – diesen schwarzen Bodensatz der Kunst verstehen, diesen Traum vom Androgynen, aus dem man nur erwacht, um die Wirklichkeit zu vergiften? Sie wußte nicht, daß jemand unter dem maßgeschneiderten Zweireiher zerrissen ist, daß unter dem Seidenhemd Blutfetzen sind, daß man 1. Klasse reisen und 3. Klasse leben kann. In aller Unschuld riet sie ihm, als Tucholsky Anfang 1927 als Nachfolger von Siegfried Jacobsohn zögerte, ob er weiter in Berlin und Herausgeber der «Weltbühne» bleiben sollte: «Hasenclever und Sieburg glauben, daß, wenn er nach Paris käme und einen Mann in Berlin brauchte, Leo Matthias der geeignete Mann dafür sei.»

Da lag dessen Frau, Lisa Matthias, schon längst in Tucholskys Bett, und «Daddy», der eben eine Spessartreise mit ihr genossen hatte, schrieb einerseits aus

Berlin an Mary Tucholsky nach Paris über seine Geschäfte mit Ullstein, Münzenberg und «Weltbühne» – «Oss[ietzky] ist ein aussichtsloser Fall – er weiß nicht einmal, wie langweilig er alles macht. Er ist faul und unfähig» –, andererseits kurz darauf aus Paris an Lisa Matthias nach Berlin: «Liebes Lottchen, Du wirst mir ja gewiß nicht alles schreiben, was Du so machst, aber das soll mich nicht hindern, Dir mal was zu sagen, Du bist sogar ein *sehr* dicker Kamerad gewesen, und nicht bloß ein Lichtlein im Berliner Gesümpf. Ich habe da in der Voss einen Spaß auf die Spessartreise geschrieben (auch auf unsere), und ich weiß nicht, ob sie das bringen. Aber ich habe mich sehr hüten müssen, da mit allem herauszukommen, was ja schamlos wäre. Gedenfalls war es Mamma und Freindin und Kamerad in einem, und ich habe, wenn ich auch ein paar Mal mehr, als nötig war, das Maul gehalten habe, eine mächtige Sehnsucht. Und ich habe viel weniger Talent zum Doppelleben, als Du denkst, weil ich Dich wirklich gern habe und ich falle dann immer gleich schräg nach vorn – ‹ein gefühllos Herz ist ein kostbar Gut auf der wankenden Erde› – und ich kann das gar nicht. Und ich habe Dich mächtig lieb, und mir tut verschiedenes sehr leid. Unter anderm, daß ich nicht genug gestreichelt habe, und wenn der lb. GOtt das will und wir auch, dann will ich es gern nachholen.»

Gut konnte das nicht gehen. Zwar bewohnen Mary und Kurt Tucholsky inzwischen ein herrschaftliches 15-Zimmer-Haus, einen ehemaligen Kardinalssitz in Fontainebleau bei Paris, aber – als sollte das Sprichwort eingelöst werden, «ist das Haus fertig, kommt der Tod» – es ist innen leer. Mary Tucholsky hat immer betont, sie habe nichts «gewußt», sie habe es «gerochen». Im November 1928 verläßt sie Tucholsky; ihren Abschiedsbrief wird der Mann, der sich später einmal mit dem kleistähnlichen Satz «Ich werde mit dem Leben nicht fertig» charakterisiert, zeitlebens zu Fetzen zerknüllt in seiner Brieftasche tragen:

«[...] immer wieder setzt sich einer seit elf Jahren in den Zug und fährt fort, und immer wieder blutet es von Neuem.

Ist sein Beuteltier, ist der Pygmalion, hat erzeugt und reißt sich jetzt los mit ungesäumten Ohren. Geht fort auf zitternden Beinen und hat Angst vor dem Leben und vor allen fremden Menschen und vor dem Alleinsein.

Aber es war zu groß u. zu schön als es anfing, um es häßlich enden zu lassen.

Kommt, wenn braucht und ruft – ist der rote Faden.»

Und Paris? War es der Wunderrausch, die große Befreiung, das ganz andere, in das er eintauchte? Gewiß, man kennt die begeisterten ersten Berichte (von denen Siegfried Jacobsohn manche wegen ihrer Ungebremstheit nicht druckte) und das tiefe Durchatmen in dem Gedicht «Park Monceau»:

Hier ist es hübsch. Hier kann ich ruhig träumen.
Hier bin ich Mensch – und nicht nur Zivilist.
Hier darf ich links gehn. Unter grünen Bäumen

sagt keine Tafel, was verboten ist.
[...]
Ich sitze still und lasse mich bescheinen
und ruh von meinem Vaterlande aus.

Das aber stimmt keineswegs. Tucholsky schreibt Parc mit k: so «tief» ist er aufgesogen von Frankreich. Fraglos war Paris eine Isola Bella, verglichen mit dem inflationsgeschüttelten, von Rechtsputschisten erschütterten und «Versalch»-Geschrei durchbrüllten Berlin, dessen Nuttenfoxtrott und Schieber-Shimmy nicht Tucholskys Musik war. Zumal die Inflation – kam ein Honorar, war es bereits nur noch die Hälfte wert – den freien Schriftsteller in finanzielle Bedrängnis und Panik stürzte. Deshalb bewarb er sich, vergebens, bei der Mitropa als Reklameangestellter, und deshalb nahm er am 1. März 1923 bei der Bank Bett, Simon & Co. eine Stellung als Volontär an und avancierte schließlich zum Sekretär des Seniorchefs Hugo Simon. Paris war eine Kur. Doch wie man weiß, die Kur *heilt* nicht die Krankheit, sie lindert sie, hilft dem Patienten, besser mit ihr umzugehen.

Genau das geschah. Tucholsky lebte – im engeren Sinne des Wortes – überhaupt nicht in Paris. Er machte Autotouren mit Friedrich Sieburg oder bewirtete Walter Hasenclever – er kannte nicht einen einzigen der namhaften französischen Autoren dieser Zeit, nicht André Gide noch Jean Cocteau noch Louis Aragon: «Ich lese jetzt wieder viel französisch, verstehe vieles nicht – zum Beispiel gar nicht den neuen Akademiker Paul Valéry, das ist für mich chinesisch – und auch mit Proustn kann ich unkultivierter Esel nichts anfangen. Aber sonst gibt es doch reizende Sächelchen.»

Von diesen «Sächelchen» berichtet er oft amüsant, Kabarettabende oder Josephine-Baker-Auftritte, auch mal dieses und jenes kleine Buch; das meiste entlegen bis abwegig. «Ich kann Ihnen nichts zeigen, nicht einmal Leute vorstellen», schreibt er 1925 an Heinrich Mann, den er um einen Besuch bittet: «Ich wünschte *sehr*, Sie einmal hier im Lande sehen zu können.» Er ging viel ins Theater – aber hatte keinen Kontakt zu Regisseuren, Dramatikern, Schauspielern. Er hat nie das Atelier eines der Großen der École de Paris besucht und sehr selten einen führenden Politiker interviewt. Er lebte in einem französisch sprechenden Charlottenburg, hatte den Funkturm mit dem Eiffelturm vertauscht.

Der, das ist wohl wahr, sieht schöner aus. In vielen Skizzen, Feuilletons und Buchreportagen hat Tucholsky diesen Unterschied beschrieben – wie das Leben, ob am Zeitungskiosk oder im Gerichtssaal, weicher, freundlicher, reibungsloser läuft: Berlin klirrt mit den Sporen, Paris wiegt sich im Saffiansattel. Wo hier jeder Brötchenverkäufer ein Feldwebel, jeder Verkehrsteilnehmer ein Flegel und jeder Polizist ein General ist, kann dort noch heute der kleine Einakter «Bonjour, Madame – Bonjour, Monsieur – Merçi, Madame – Merçi Monsieur – Au revoir, Madame – Au revoir, Monsieur» beim Baguette-Kauf entzükken. Noch einer seiner letzten Besuche an der Seine im September 1933 riß Tucholsky zu dieser Liebeserklärung hin:

«Es gibt natürlich nur eine Stadt, die Stadt, diese

Stadt. Ich war gestern vollkommen betrunken, wie das erste Mal. [...]

Auf einmal verstehe ich wieder alles. Die Frauen haben richtige Gesichter, und nicht diese fahlen Eierkuchen; ich verstehe den Rhythmus, in dem die Autos angeschwirrt kommen, den brin de causette mit der Frau im Tabac, und die weiß, was das soll: nichts. Es sind richtige Menschen. [...]

Und eine Auswahl – und eine Fülle – und nicht diese grauenvolle Prätention, die einem in Zürich das Leben so sauer macht. [...] Hier hungern tut sicherlich ebenso weh wie anderswo. Aber es gibt doch nur diese Stadt, in der man leben möchte. [...]

... und man möchte sich auf den Asphalt hinknien und ihn küssen – so ist das hier. Es ist eine Landschaft. Ein Meer. Ich bin besoffen wie im ersten Mai 24. Und eben *nicht* der Frauen wegen – ich habe hier keine, die Urren interessieren mich gar nicht – es ist die Stadt. Welche Stadt –! Hier möchte man jedes Jahr drei Monate leben. [...] Hier ist man nicht einsam, wenn man allein ist.»

Doch in Wahrheit bewohnt Tucholsky nur *einen* Kontinent, und der endet auf y. So, wie er sich in dem einen Jahr – 1925 –, in dem er überhaupt mit Mary Tucholsky wirklich zusammenlebt, weit fort fabuliert: «Nachher» heißen die zarten Kaspar-Hauser-Denkspiele, wie es wohl sei, wenn man nicht mehr sei – so prasselt ein wahres Gewitter von Artikeln, die deutschen Dinge betreffend, in die «Weltbühne» hinein. Nicht über Marcel Proust oder Roger Martin du Gard werden wir unterrichtet –, sondern über Jakob Wassermann und Rudolf Herzog. Wir lesen Alltagsbeobachtungen, jene hübschen «Sächelchen» über Bücher, Kabaretts und Menschen in Paris – aber der große Ton klingt immer dann, wenn es um das geliebte, gehaßte Deutschland geht. Noch heute kann es einem in den Ohren gellen, was Tucholsky 1925 zur Wahl Hindenburgs schreibt:

«Die Eigenschaften des Herrn von Hindenburg, die als ‹preußische Tugenden› ausgegeben werden, sind Fehler schlimmsten Grades. Seine Sturheit, seine Unbildung, sein völliger Mangel an Welterfahrung machen ihn vielleicht zu einem Ideal einer Kadettenanstalt – mit dem besseren Teil Deutschlands hat diese Gestalt überhaupt nichts zu schaffen. [...]

Hindenburg ist: Preußen. Hindenburg ist: Zurück in den Gutshof, fort aus der Welt, zurück in die Kaserne. Hindenburg bedeutet: Krach mit aller Welt, unaufhörliche internationale Schwierigkeiten, durchaus begründetes Mißtrauen des Auslandes, insbesondere Frankreichs gegenüber Deutschland. Hindenburg ist: Die Republik auf Abruf. Hindenburg bedeutet: Krieg.» Oder: «Dem der Krieg wie eine Badekur bekommen ist, der wird Präsident der Deutschen Republik, die es nun wohl nicht mehr lange sein wird.»

Als säße Tucholsky in Charlottenburg oder am Wedding und nicht in der Avenue Mozart oder in Le Vésinet, so fibergenau seismographiert er die Fieberanfälle des deutschen Wesens, an dem schon bald wieder die Welt genesen sollte. Ob Seelenschmalz oder

Schmisse, Brutalität oder Sentimentalität: sein absolutes Gehör fängt das aus mehr als tausend Kilometer Entfernung hinweg auf. Er ist und bleibt der Chronist der Weimarer Republik, nicht etwa, wie seine Widersacher – etwa Golo Mann – später wollten, einer ihrer Totengräber; nicht einmal dieses Bild in seiner hastigen Ungerechtigkeit stimmt: ein Totengräber verscharrt ja eine Leiche. Für ihren Tod ist er nicht verantwortlich. Tucholsky wohnt in Paris – aber er lebt in Berlin. Er berichtet also ein bißchen über den französischen Alltag und erzählt ein wenig von Midinetten, kleinen Stars und großem Rummel in Paris; aber er interpretiert Deutschland, nicht Frankreich. Sogar *für* die Franzosen. In einem seltsamen (weil im Erscheinungsjahr und -ort nicht verifizierten) Nachruf hat der elsässische Journalist Joseph Fr. Matthes zwar behauptet, Tucholskys Artikel seien am Quai d'Orsay mit größter Aufmerksamkeit gelesen worden. Dafür gibt es keine Belege. Aber selbst wenn es so gewesen wäre – dann eben als Dolmetscher dessen, was in Deutschland vorging, aus Deutschland drohte. In diesem Nachruf zitiert Matthes einen besonders bewegenden Brief Tucholskys, ein geradezu entsetzliches Vae Victis:

«Und hier ist alles gegen Frankreich klar vorgezeichnet.

Wir sind 60 Millionen, sie 38. Wir haben vielleicht nicht soviel Waffen zur *augenblicklichen* Verfügung wie sie, aber wir haben eine brillante, eine geradezu infam gut durchgebildete Organisation uns ‹umzustellen›, also eines Tages statt Cartonagen und Bembergseidenstrümpfen Gelbkreuzgranaten zu machen.

Wir haben das Cadre einer Armee, darin jeder Mann ein Unteroffizier ist (echte Gemeine gibt es da nicht) – und jeder dieser Unteroffiziere kann mühelos 10–20 Leute der ‹Bünde› ausbilden, weil die bereits vorgebildet sind. Das alles hat sich unter den Augen der Regierung vollzogen, jahrelang.

Und das allergefährlichste für Frankreich ist die *Gesinnung,* die in alledem steckt. (Herr François-Poncet wollte das lange, allzu lange nicht einsehen!) Diese maßlose feige, scheinbar sich europäisch gebärdende ‹Diplomatie› nach außen, passen Sie auf, wie sie die ‹Schmachtribute› zunächst weiterzahlen – sie werden sich zuerst hüten, einen zerrissenen Vertrag nach Frankreich hinüberzuwerfen. Und im Inneren...! Und das kann Frankreich nicht gleich sein – es ist die klarste Vorbereitung zur Revanche. Die kommt. Sie wollen das und sie werden das haben. Sie werden so schamlos sein, selbst für diesen Fall mit Italien zusammenzugehen, und Südtirol und den ganzen Anschluß zeitweise vergessen. Sie wollen Frankreich an den Kragen.

Ich fürchte für Frankreich, dem ich meine besten Jahre verdanke. Sie wissen, daß ich nichts ‹will›, ich will nicht einmal jemand denunzieren. Ich will nur meiner ungeheuren Furcht Ausdruck geben, der Furcht, daß sich Frankreich trotz der nationalistischen Politik Tardieus wiederum düpieren läßt. Das Deutschland, das heute da ist, ist schon mit Vorsicht zu genießen. Was dann aber kommt, ist tausendmal schlimmer, tausendmal verderblicher für Frankreich, als es der Kaiser jemals gewesen ist. Der war nämlich Scharlatan, ein innerlich feiger Mensch, ein Unsicherer. Diese da sind kalt, eiskalt, ganz bewußt – echte Verbrechernaturen. Und so schlau ... es gibt eine Schlauheit der deutschen Generalstabsoffiziere, die die Franzosen nicht richtig kennen. Typus: Seeckt ... sie täuschen eine Weile durch Glätte, durch Entgegenkommen, durch Höflichkeit ... Glaubt das nicht, glaubt das bloß nicht! Es sind Verbrecher! Sie wollen den Krieg. Mehr, sie wollen die Auslöschung Frankreichs und die Unterjochung Mitteleuropas.

Es wäre schrecklich, wenn Frankreich auf die Losung ‹Deutschland ein Hort gegen den Bolschewismus› hereinfiele. Das ist Deutschland. Man kann sich natürlich auch mit einem Paket Schießbaumwolle gegen den Regen schützen.»

Widersacher. Bei der kompromißlosen Genauigkeit, mit der Tucholsky seine gespitzten Pfeile ins Schwarze schoß, kann es nicht wundernehmen, daß er viele Feinde hatte. Seine Form des Journalismus, ohne jegliches «Man bedenke aber andererseits ...» und «Wenn zwar – dann doch auch wieder» war – ist? – im deutschen Blätterwald so einzigartig wie unbequem. Schon Heines respektlose Feder hatte nicht nur Tintenspritzer produziert, sondern erbitterte Fehden verursacht. Kein Zufall, daß es Karl Kraus war – der Heinrich Heine verbal überfallen hatte und zu seiner Zeit den Alfred Kerr erbitterter bekämpfte als den Adolf Hitler –, der nach anfänglich freundlichen Begegnungen auch Tucholsky zum Ziel seiner Angriffe machte. Wie schon zuvor in seinem Artikel «Der Fall Jacobsohn», in dem Kraus sich besonders stolz zeigt auf die Erfindung des Titels «Herr» als Vernichtungsinstrument – «Herr Jacobsohn» –, so war auch sein Überfall auf Tucholsky, den «flotten Burschen», die «fünfdeutige Gestalt» voll «vifem Ungeist» ausgelöst von einer Literaten-Lappalie. Tucholsky hatte über ein Karl-Kraus-Stück geschrieben, der – von ihm übrigens hoch geschätzte – Autor möge «sich nicht täuschen, er hat kein Publikum erobert, er hat ein erobertes Publikum erobert». Der scharfe Polemiker Karl Kraus ist über eine geringfügige Frotzelei gereizt wie eine Natter; fairerweise gesteht er zwar zu,

«Für die Übersendung des von der Granate getroffenen Christus – des Abschlußbildes der ‹Letzten Tage der Menschheit› – bin ich noch heute dankbar und der Gesinnungswert dieser Handlung erscheint so wenig wie der etlicher Äußerungen Wrobels alteriert durch den mir nachträglich bekannt gewordenen Umstand: daß Tucholsky schon einmal einen Preis gewonnen hat, nämlich für das beste Gedicht über eine Kriegsanleihe»

– aber fortan ist es bestenfalls «dieser Tucholsky, der bestimmt nicht so dumm ist, das zu glauben, was er schreibt», und schlimmstenfalls eine Sache, kein Mensch mehr:

«Daß dergleichen zu den berühmten und führenden deutschen Dichtern gehört, kann die Schmach unserer Zeit, die ich ja ziemlich genau ermessen zu können glaube, kaum verkleinern.»

Karl Kraus – beide Autoren geben später ganz widersprüchliche Darstellungen von einem gescheiterten «Versöhnungstreffen» in Paris – steigert sich so in seinen Haß hinein, daß er per «Fackel»-Mitteilung geharnischt seine Mitarbeit dort ablehnt, wo auch Tucholsky gedruckt wird: «... da der Autor es grundsätzlich ablehnt, in der Umgebung gewisser seit dem Kriegsschluß pazifistischer Literaten (wie z. B. der Herren Kerr und Tucholsky) zu erscheinen».

Mehr läppische Querelen als ernste Fehden. Man könnte sie unter Tucholskys Diktum abtun: «Nichts verächtlicher, als wenn Literaten Literaten Literaten nennen.» Doch legen sie zwei seiner grundsätzlichen Verhaltensweisen frei: Er glaubt nicht an sein Publikum, und er verteidigt sich nicht gegen Angriffe.

Seine Sätze «Ich habe Erfolg. Aber ich habe keinerlei Wirkung» definieren den Impetus seines Schreibens. Er ist ein Kämpfer, der nicht an den Sieg glaubt. Der schon 1918 schreibt «Deutschland? Das war einmal», weist im selben Brief Lebenskraft und Lebensklugheit als Möglichkeit von sich: «Die wertvollsten sind aber die nicht, die sich dreinfinden.» Das ist eine unvergeßliche Beschreibung des eigenen «aufrechten Ganges»; den aber kann man alleine gehen. Schon 1919 schreibt er, «– und ich mag nicht mehr [...] was wertvoll ist, wächst doch nur in der Einsamkeit». Kurt Tucholskys Schriften sind etwas, was es eigentlich gar nicht gibt: Ruf-Monologe. Und er ist, was es eigentlich ebensowenig gibt: ein hoffender Pessimist. Jener Satz über eine Karl-Kraus-Premiere war – wie so vieles – letztlich ein Satz über die eigene Arbeit. Er überzeugte die Überzeugten und keinen einzigen anderen. Das war der Weltbegriff des Philosophen, der ihn tief geprägt hat – Schopenhauer. Als der Achtundzwanzigjährige ihn und seinen Einfluß auf das eigene Denken charakterisiert, benutzt er sogar die Metapher vom Glas: «Es ist ein deutscher Philosoph, aber ein Kerl. Nicht so einer, der trübe, grau und trocken mit lehrhafter Eindringlichkeit langweilt, sondern ein Mensch, der so tief in die Dinge hinuntergesehen hat, wie nur ganz, ganz selten einer vor ihm und nach ihm. [...] Der Atem stockt einem, wenn man das liest. Und das Resultat seiner ganzen Bemühungen – das wußte er aber selber und sagte es eindringlich genug – ist ein Wort, mit dem sein Hauptwerk nicht zum Spaß aufhört: Nichts. Unsere tiefsten und größten Humoristen waren seine begeistertsten Anhänger – denn das ist Humor: durch die Dinge durchsehen, wie wenn sie aus Glas wären.» Hans Mayer hat die Wechselwirkung einmal analysiert:

«Hier ist beides miteinander vereint: Aufklärung einer durchaus idealistischen Art – und Pessimismus, der bei Schopenhauer gleichfalls bekanntlich seine Ursprünge auf Kant zurückführte. Die Frage nach der Veränderung des Bewußtseins durch Veränderung des gesellschaftlichen Seins, wie es der Marxismus fordert, ist für Tucholsky niemals bedenkenswert gewesen. [...] die *philosophische* Konzeption des Mannes mit den 5 PS strebte nach einem sonderbaren *Amalgam aus Lichtenberg und Schopenhauer.* Idealistische Aufklärung und philosophischer Pessimismus in einem. [...] als sich alle Illusionen in Form von Illusionsverlusten präsentierten, kam doch wieder Schopenhauer als beherrschende Gewalt hinter Tucholskys Schreiben zur Kenntlichkeit. Das berühmte Gedicht vom Lächeln der Mona Lisa ist ein Schopenhauer-Gedicht und meint: Geh an der Welt vorüber, es ist nichts.

Du bist berühmt wie jener Turm von Pisa,
dein Lächeln gilt für Ironie.
Ja ... warum lacht die Mona Lisa?
Lacht sie über uns, wegen uns, trotz uns, mit uns, gegen uns –
oder wie –?

Du lehrst uns still, was zu geschehn hat.
Weil uns dein Bildnis, Lieschen, zeigt:
Wer viel von dieser Welt gesehn hat –
der lächelt, legt die Hände auf den Bauch
und schweigt.

[...] Pessimismus und Aufklärung in einem. Tucholskys Weltbild in Politik, Philosophie und Literatur hatte niemals nämlich mit Denkergebnissen zu tun, sondern stets mit Enttäuschungen.»

Deswegen auch diskutiert Tucholsky nie mit seinen Gegnern. Er reagiert nicht auf die Angriffe von Karl Kraus – was der große Hasser geradezu herbeisehnt –, außer in Briefen, in denen er die Wiener Spottspuren wie Zigarrenasche aus dem Salon des Sacher vom Anzug schnippt. Eines der wenigen Male, da er sich gegen einen Angriff verteidigt, war im Fall von Herbert Iherings Polemik gegen sein Buch

«Deutschland, Deutschland über alles». Das Buch war – Herbst 1929 – soeben in Willi Münzenbergs «Neuem Deutschem Verlag» erschienen, da schrieb ihm bereits seine in einer von Tucholsky für sie angemieteten Berliner Wohnung lebende Frau nach einem Besuch bei Monty Jacobs, dem Literaturkritiker von Ullsteins «Vossischer Zeitung» (die ohnehin Tucholskys Mitarbeit an dem kommunistischen Verlag beargwöhnte): «Gestern war ich bei Monty. ‹Kennen Sie eigentlich Deutschland Deutschland über alles›? Das ist nicht gut, was er da gemacht hat. Sie wissen es doch, ich u. wir alle meinen es gut mit ihm, das war nicht richtig. Was würde er sagen, wenn man ihn photographierte, ein Huhn essend, u. darunter schreiben würde...

Heute Gespräch mit Palitzsch: ‹Ich bin dabei, Tu. zu verarzten, u. zwar debütiere ich damit in der Monatsschrift ‹Die Tat›, die in neue Hände übergegangen ist. – Es ist niveaulos u. zu billig, das Bildmaterial ist schlecht, die Tendenz borniert, es ist schade, daß die brillanten Sachen da ganz verschwinden, von Tu. muß man doch einen besseren Geschmack verlangen. – Ich lehne es aus ganz anderen Motiven wie Monty ab.› –

Ich will Ihm nicht mies machen, aber ich finde, Er muß es wissen. – Ohne gleich Gespenster zu sehen, aber ich habe das leise Gefühl bei Monty, den ich sehr gern habe, der aber empört war über ‹Tiere sehen dich an›, daß dieses Buch ein Anlaß bei Ullstein sein könnte, daß sie sagen: bitte entscheiden Sie sich, denn es sprach aus ihm die sittliche Entrüstung von vielen. –

Also: aufgepaßt!»

Kurz darauf veröffentlichte Herbert Ihering bei

der konservativen Konkurrenz der «Weltbühne», in dem von Leopold Schwarzschild herausgegebenen «Tagebuch», seine harsche Kritik. Sie gipfelt in einem scharfen Vorbehalt:

«Es scheint mir eine Polemik ohne Risiko zu sein, wenn Kurt Tucholsky immer wieder auf dieselben Themen losschlägt, wenn er immer wieder gegen dasselbe Militär, gegen dieselbe Justiz mit einer zwar oft treffenden, sehr amüsanten, sehr wirkungsvollen Typenschilderung losgeht. Es wäre aber wichtig, in dem Buch ‹Deutschland Deutschland über alles› zu sagen, daß in anderen Ländern dieselben Züge zu erkennen sind, und wirklich einmal die soziale und geistige Struktur Deutschlands und der anderen europäischen Länder aufzuzeigen.»

Keineswegs reagierte Tucholsky publizistisch. Wie er in verschiedenen Briefen zugab, die Seite «Tiere sehen dich an» – eine Fotomontage mit Konterfeis deutscher Generäle – habe sein Mitautor John Heartfield ohne sein Wissen in das Buch aufgenommen, auch er habe gezuckt, das als unerlaubte Form der Polemik empfunden: so antwortet er jetzt Herbert Ihering privat, per Brief; da allerdings auch unmißverständlich scharf:

«Sie gebrauchen die Worte ‹Nun schreibt er immer wieder dieselben Aufsätze...›

Lieber Herr Ihering, waren Sie in den letzten Monaten einmal auf einem deutschen Gericht oder in einer deutschen Strafanstalt? Das sollten Sie nicht versäumen. Ich habe mir im letzten Jahr vieles in Deutschland angesehen, worüber ich nirgends referiert habe; und was mich erschreckt hat, das ist die

Fortdauer einer wilhelminischen Gesinnung, die zwar die Zierate des Gardehelms abgelegt hat, aber in karger neuer Sachlichkeit brutal und kalt Schweinereien verüben läßt, schlimmer als unter dem Seligen, wo durch eine gewisse Bordeaux- oder Biergemütlichkeit manches gemildert wurde. [...]

Lehnt einer diese deutsche Welt, so wie sie da ist, in Bausch und Bogen ab und tut er das noch in einer ästhetisch unbefriedigenden Form, dann steht er jenseits der ‹seriösen› Leute. Mir macht das nichts, und so sehr ich Ihnen recht gebe, wenn Sie schreiben, daß dem Buch der Hinweis darauf fehlt, daß es ja anderswo genauso ist, so sehr vermisse ich in Ihren Aufsätzen Gefühl für Blut und Tränen. Hören Sie das nicht? Hören Sie nicht den unterirdischen Schrei, der oft keinen künstlerischen Ausdruck findet und den man mit allen raffinierten Mitteln unterdrückt, wo man nur kann? Im Rundfunk dürfen wir nicht, in der Presse sollen wir nicht, im Kino können wir nicht – bleibt das Buch. Immer, wenn ich schreibe, denke ich an das Leid der Anonymen, an den Proletarier, den Angestellten, den Arbeiter, an ein Leid, von dem ich durch Stichproben weiß. Das wissen Sie auch – Sie müssen das wissen, und ich will lieber den Vorwurf auf mir sitzen lassen, künstlerisch nicht befriedigt oder aus Empörung über das Ziel hinausgeschossen zu haben, als ein Indolenter zu sein. Und glauben Sie mir –: wenn ich immer dasselbe schreibe, tue ich das bewußt. Es ist vielleicht langweilig, Jahr um Jahr Salvarsankuren zu machen; Kamillentee wäre vielleicht abwechslungsreicher – aber man muß das wohl. Auch die Spirochäten bleiben ewig dieselben.»

Das ist 1929. Tucholsky lebt bereits – getrennt von seiner Frau, die er, auch bei gelegentlichen Besuchen in Berlin, nie wiedersieht – in Schweden; er reist viel – Schweiz, England, Dänemark, Paris und immer wieder Deutschland. Nach einer Vortragsveranstaltung wird ein Besucher mit ihm verwechselt und verprügelt. Bei Rowohlt sind – in hohen Auflagen – seine Sammelbände «Mit 5 PS» und «Das Lächeln der Mona Lisa» erschienen, «Weltbühne», «Vossische Zeitung», «Arbeiter Illustrierte Zeitung», «Prager Tagblatt» und zahlreiche andere Zeitungen und Zeitschriften drucken seine Arbeiten. Er ist ein unabhängiger Mann, der das Leben genießt – und verachtet. Ein Rufer in der Wüste, gewiß. Doch die Wüste schüttet ihren Sand auch in ihn. Seine geradezu panische Unfähigkeit, mit Menschen zu kommunizieren – einen «von der Anlage her asozialen Menschen» nennt er sich einmal, dessen Beziehung zu den anderen «gestört» ist –, wird an zweierlei Versagen deutlich.

Als am 3. Dezember 1926 Siegfried Jacobsohn an einem epileptischen Anfall erstickt war, eilte Tucholsky selbstverständlich nach Berlin – wie jedermann es als selbstverständlich nahm, daß er nun Herausgeber der «Weltbühne» würde. Das geschah auch – «Begründet von Siegfried Jacobsohn. Herausgeber: Kurt Tucholsky» heißt es auf dem Umschlag der «Weltbühne» vom 7. Dezember 1926. Doch fast vom ersten Tag an verschickt Tucholsky SOS-Sprüche, mal an seine Frau in Paris – «Ich bin nicht am Leben und will es nicht mehr [...] Ich habe es hier satt» –, mal an Lisa Matthias: «Lottchen, mit dem Blättchen ist natürlich wenig zu machen. Ich glaube nicht, daß der Mann böswillig ist, sondern indolent und nicht sehr intelligent. Ich habe das ja alles gewußt; das A und O jeder Reform ist aber ein brauchbarer Kandidat, und den weiß ich nicht. Du –? Niemand weiß ihn.»

Erkrankung der Haut: die seine entzündet sich, juckt, schuppt, wirft Blasen – kommen Menschen ihm zu nahe. Kurt Tucholsky ist Solist; weder Dirigent noch Orchestermitglied. Es interessiert ihn nicht, was andere schreiben, geschweige denn will er Texte anderer redigieren. Seine großen Kritiken – über Kafka, Joyce oder Panizza – zeigen, daß er auf Literatur wie ein Instrument reagiert: wenn ein bestimmter Ton in ihm selber etwas zum Schwingen bringt; es muß gleichsam ein Text sein, den auch er, Tucholsky, hätte schreiben können, der in ihm verborgen, ungelöst lag und den der andere statt seiner geboren hat. Immer dann ist er ein unübertrefflich zarter, genauer Kritiker. Rezensent ist er nicht. Redakteur auch nicht. Er kann. Aber er will nicht. Er weiß, daß er genug Qualitätsgefühl hat, genug Nase, genug Fingerspitzen, genug Härte auch, um eine Zeitschrift zu leiten. Er sieht die Defekte des Blattes, sogar – während allerlei Verkaufsverhandlungen von Siegfried Jacobsohns Witwe Edith – die kommerziellen Chancen wie Fährnisse. Und zur selben Zeit ekelt es ihn geradezu:

«Und ich habe nicht den Mut, nein zu sagen – alle, alle – Georg Bernhard, Morus und die es sonst gut meinen, sagen, ich sollt es tun. Und ich fühle, daß ich es nicht kann – mich langweilt es – ich bin so müde, und Berlin ist mir widrig, so widerwärtig, wie ich gar nicht sagen kann. Geb ichs jetzt aber ab, dann ist es in ein paar Wochen kaputt, daran ist kein Zweifel. Was soll ich nur tun? [...]

Selbst wenn die Frau [Edith Jacobsohn] jetzt für ein paar Tage den Ossietzky engagiert, das wird natürlich besser, das ist wahr – aber ob ich hier auf richtige Ideen komme, das ist mir doch sehr zweifelhaft. Ich werde da in alte Sachen gedrängt, die ich längst überwunden habe – ich mag nicht mehr.»

Wie er im selben Brief an seine Frau lügt – «Und ist immer allein und sieht keinen Menschen» –, während er doch längst seine Lottchen-Affäre hat, offenbar vergißt, daß er zwei Wochen zuvor von einem Abend bei Zuckmayer mit Mehring und Brecht und einem Reinhardt-Dramaturgen erzählt hat (also «sieht keinen Menschen» etwas unwahrscheinlich klingt) – so scheint er die ganze Zeit an jenem Gedicht «Das Ideal» zu schreiben, das zur selben Zeit erscheint:

> Ja, das möchste:
> Eine Villa im Grünen mit großer Terrasse,
> vorn die Ostsee, hinten die Friedrichstraße;
> mit schöner Aussicht, ländlich-mondän,
> vom Badezimmer ist die Zugspitze zu sehn –
> aber abends zum Kino hast dus nicht weit.
>
> Das Ganze schlicht, voller Bescheidenheit:

Neun Zimmer – nein, doch lieber zehn!
Ein Dachgarten, wo die Eichen drauf stehn,
Radio, Zentralheizung, Vakuum,
eine Dienerschaft, gut gezogen und stumm,
eine süße Frau voller Rasse und Verve –
(und eine fürs Wochenend, zur Reserve) –,
eine Bibliothek und drumherum
Einsamkeit und Hummelgesumm.
[...]
Jedes Glück hat einen kleinen Stich.
Wir möchten so viel: Haben. Sein. Und gelten.
Daß einer alles hat:
das ist selten.

Tucholsky will, was er nicht will, daß er es will, weil er weiß, daß er es allenfalls *wollen* kann, aber nicht *kann*. Zwar schreibt ihm seine Frau leicht mokant und etwas verständnislos: «Und was die W. B. betrifft. Warum soll in Berlin alles unter den Fingern zerflattern und keine Konzentration möglich sein? Im Gegenteil, da Er die Stadt und die Leute nicht liebt und sie kennt, kann sie Ihm also nichts bieten und Ihn nicht ablenken, warum kann Er sich da nicht noch mehr in den [...] und ein Leben für sich leben? Er kämpft immer gegen Phantome, wie Er mich ja auch drei Wochen damit gerädert hatte, daß in Fontainebleau Heimchen wären. Entweder Er ist ein freier Mensch, dann kann Er genau so frei da leben wie in Paris [...] Ich glaube, Er redet sich zu 50 % künstlich in Schwierigkeiten und in Abneigung zu Stadt und Leuten, die vollkommen unnotwendig ist.»

Aber das klingt, als habe sie die Grundmusik dieser Existenz nicht verstanden: Bindung ist Gefahr. Ob das eine Frau, eine Partei, ein Land – oder auch «nur» eine Zeitschrift ist. Tucholsky verhält sich angesichts einer drohenden Bindung wie das Tier in der Falle: Er droht, schreit, rast hin und her; opfert schließlich lieber ein Bein, einen Arm, um sich zu retten; wenn es geht, übrigens lieber Bein und Arm eines anderen. Mitten in dieser Unschlüssigkeit schreibt er – kurz wieder in Paris – umgekehrt dem «sehr lieben Oberlottchen» nach Berlin, erwägt ein Rendezvous – aber, er wohnt ja nicht allein, «In ein Hotel mit Dir zu gehen ist mir allerzuwiderst» – und zugleich *kein* Rendezvous: «Lottchen, ich weiß alles: daß Du mich nicht heiraten willst, und daß wir beide nur nett sind, wenn wir uns sporadisch sehen – mit klarerem Sinn ward nie ein Weib gefreit, und wir wissen ja Bescheid. Gut. Aber Du, die Du so oft in solchen Fallen gesteckt hast und die Du von andern weißt, wie das ist –: laß mir eine kleine Atempause. Ich weiß auch alles, aber ich kanns nicht ändern; es ist nicht nur Entschluß[un]fähigkeit, ich sitze zur Zeit falsch, und ich weiß nicht, wie ich mich wieder grade setzen soll. Die Hosen habe ich gar nicht voll, die Seele wesentlich mehr, wenn Sie das harte Wort verzeihen. Ich habe die Neigung, mich in solchen Stadien zu verkriechen, und das bekommt mir auch gut, nur den andern nicht, das sehe ich schon ein. Aber wirklich: wenn ich mich allein wieder aufgerappelt habe, dann komme ich an und bin auch wieder da. Was man zur Zeit nicht sagen kann.»

Sehenden Auges beging Tucholsky in diesem Jahr also doppelten Verrat. An seiner Frau. Und an dem toten Freund. Die Ehrenpflicht, dessen Erbe zu wahren, hat er nicht einen Augenblick lang wahrgenommen; jedenfalls gibt es kein Zeugnis davon. Eigenartigerweise fühlt er sich dennoch weiter mitverantwortlich; nicht nur betont er stets in den Briefen des Jahres 1934, mit denen er sich für den eingesperrten Carl von Ossietzky einsetzt, er habe mit ihm zusammen Jahre hindurch die «Weltbühne» herausgegeben – er lädt auch Autoren wie zum Beispiel Siegfried Kracauer zur Mitarbeit ein, doch schreibt er schon am 7. Oktober 1927: «... ich redigiere nicht mehr, sondern arbeite nur mit.» Genau vier Tage später, ab 11. Oktober 1927, lautet das Impressum der «Weltbühne»: «Begründet von Siegfried Jacobsohn unter Mitarbeit von Kurt Tucholsky geleitet von Carl von Ossietzky.»

Es war noch Siegfried Jacobsohn gewesen, der ihm kurz zuvor einen besonders verlockenden Auftrag verschafft hatte – zusammen mit Alfred Polgar eine Revue für Max Reinhardts Kabarettbühne «Schall und Rauch» zu schreiben, deren Hauptrolle Fritzi Massary übernehmen sollte. Jahrelang hatte Tucholsky Polgar gepriesen und die zu ihrer Zeit triumphal erfolgreiche Operettendiva Fritzi Massary geradezu angebetet. Nun – 1926 – sitzt er in deren herrschaftlichem Anwesen in Garmisch, ausgestattet mit einem fürstlichen Vorschuß und – und es funktioniert nicht. Die Briefe aus diesem Haus Wittelsbach lesen sich fast wie Szenen einer solchen Revue; der

Rummel im Hause paßt ihm nicht, die Diva ist ihm zu elegant, ihr Auto zu teuer, «das schöne Essen schmeckt mir nicht», die Liebe zu Polgar erlischt wie die eigene Phantasie – «ich sitze hier und schmiere witzlose Szenen zusammen» –, und der Sechsunddreißigjährige summiert schließlich: «Ich will nicht mehr – ich bin dazu zu alt.» Er hat die Chance, unter luxuriösesten Bedingungen für die führende Bühne der Weimarer Republik mit dem besten Koautor und dem berühmtesten Star eine große Revue zu schreiben. Und schreibt statt dessen Briefe wie ein zu Zwangsarbeit Verurteilter aus der Verbannung. Es ist das eigene Gefängnis. Tucholsky trägt es, wie die Schnecke ihr Haus, sein Leben lang mit sich herum; steckt er die Fühler aus dem Gehäuse, zuckt er bei der ersten Berührung mit der Welt zurück, verkriecht sich. Und dann – das ist seine immer praktizierte artistische Methode – produziert er. Meist, indem er das Scheitern beschreibt. Von dem erfolglosen Unternehmen für Max Reinhardt bleiben ein paar Szenen und Chansons – und die köstliche Groteske «Die Zeit schreit nach Satire».

Eklatant für diese selbstauferlegte Kontaktsperre, die zugleich Anteilnahme, Leidenschaft und Solidarität *auf dem Papier* ermöglicht, ist Tucholskys Verhältnis zu Carl von Ossietzky. Es ist wohl nicht überzeichnet, wenn man – wie schon angedeutet – die persönliche Beziehung kühl nennt. Tucholsky mochte den von ihm ernannten Nachfolger nicht sonderlich, fand ihn fad, plump und dröge; vor allem der Brieffanatiker Tucholsky war gekränkt, daß Ossietzky kaum antwortete, sozusagen stumm und echolos die

Beiträge seines Starautors druckte. Eine Kommunikation fand nicht statt. Aber um den im Mai 1932 eingesperrten Kollegen kämpfte Tucholsky mit einer Härte, Emphase und Rigorosität ohnegleichen; buchstäblich bis zum letzten Atemzug: makabrerweise trägt der letzte Brief, mit dem er für den Mißhandelten eintrat, das Datum 20. Dezember 1935 – ein Tag vor seinem Tod.

Schon als Ossietzky eine Haftstrafe antreten mußte – der «Weltbühnen»-Mitarbeiter Walter Kreiser hatte unter dem Pseudonym Heinz Jäger in der «Weltbühne» vom 12. März 1929 einen Artikel «Windiges aus der deutschen Luftfahrt» veröffentlicht, der die heimliche und von der Reichsregierung offenkundig geduldete Aufrüstung der deutschen Luftwaffe preisgab –, war Tucholskys Aufsatz «Für Carl von Ossietzky. Generalquittung» ein Fanal. Es war noch einmal die Pranke des Löwen, die da zuschlug; sein letzter großer Text überhaupt.

«Carl von Ossietzky geht für achtzehn Monate ins Gefängnis, weil sich die Regierung an der ‹Weltbühne› rächen will, rächen für alles, was hier seit Jahren gestanden hat. Ossietzky geht ins Gefängnis nicht nur für den Mitarbeiter, der den inkriminierten Artikel geschrieben hat – er geht ins Gefängnis für alle seine Mitarbeiter. Dieses Urteil ist die Quittung der Generale. [...]

Es ist nun nachträglich versucht worden, den Erlaß der Strafe oder die Umwandlung der Gefängnisstrafe in eine Festungshaft auf dem Gnadenwege zu erreichen, und dazu ist folgendes zu sagen:

Carl von Ossietzky hat, während diese Bestrebungen im Gange waren, selbstverständlich nicht nur Groener, sondern auch den Mann, der letzten Endes über das Gnadengesuch zu entscheiden hat, dauernd angegriffen. Er hat gegen Hindenburg geschrieben, also genau das Gegenteil dessen getan, was man als Opportunismus bezeichnen könnte. Diese Angriffe hat er mit seinem Namen gezeichnet.

Grund genug, um nach gewissen Begriffen deutscher Ritterlichkeit zu argumentieren: ‹Er greift uns ja doch an – wozu soll man so einen begnadigen?›

Ein Funke von Ritterlichkeit auf der amtlichen Seite wäre vielleicht zu erwarten gewesen – ich habe das nie erwartet, und es hat auch nicht gefunkt. Der ‹alte Herr› versteht in Sachen der Armee keinen Spaß, die ‹Weltbühne› auch nicht – und Ossietzky geht ins Gefängnis. [...]

Die Mitarbeiter und die Leser der ‹Weltbühne› haben in der Tat etwas getan, was den faschistischen Gegner bis aufs Blut gereizt hat: er ist hier ausgelacht worden. Hier ist gelacht worden, wenn andre gedonnert haben. Hier sind jene nicht ernst genommen worden. Und sie können ja vieles. Aber eines können sie nicht. Sie können nicht erzwingen, daß man zu ihnen anders spricht als von oben nach unten. Im geistigen Kampf werden sie auch weiterhin so erledigt werden, wie sie das verdienen. Und das muß doch gesessen haben. Denn sonst wären jene nicht so wütend und versuchten es nicht immer, immer wieder. Es wird ihnen nichts helfen. [...]

Das Blatt aber wird, getragen von dem gewaltigen Auftrieb, den ihm Carl von Ossietzky gegeben hat, das bleiben, was es immer gewesen ist.

Anderthalb Jahre Gefängnis für eine gute Ware erhalten zu haben – das kann bescheinigt werden.

Die Ware wird weitergeliefert.»

Dann geschah etwas für unseren Zusammenhang Erhellendes. Gegen den (presserechtlich für die «Weltbühne» verantwortlichen) eingesperrten Carl von Ossietzky wurde von Reichswehrminister Groener eine Klage wegen Beleidigung der Reichswehr angestrengt. Sie bezog sich auf Tucholskys Artikel «Der bewachte Kriegsschauplatz» in der «Weltbühne» vom 4. August 1931, in dem der noch heute so aufrührerische Satz «Soldaten sind Mörder» steht. Tucholsky sah sich vor die Frage gestellt, ob er zu dem Prozeß nach Berlin kommen sollte – wo er fraglos gefährdet war, juristisch und durch den Mob. Aus Le Lavandou in Südfrankreich, wo er den Freund Hasenclever besuchte, ging ein ratlos ratsuchender Brief an seine Frau nach Berlin:

«Lohnt es sich zu kommen? Dafür spricht, das Blatt ‹nicht im Stich zu lassen›. Obgleich mit meinem Kommen nicht viel getan ist. Dagegen spricht eben: Prügel, vielleicht mehr – Haft und so fort.

Ich kann kaum jemand anders fragen – die Leute sind unaufrichtig. Und ich will wissen: Wird mir das als böse Fahnenflucht ausgelegt? Anzeichen sind dafür vorhanden (Andeutungen in der ‹Welt am Montag›, leise Briefe und so fort).

Nach innen sieht die Sache so aus:

Wegen Beleidigung der Reichswehr ist gegen mich überhaupt keine Anklage erhoben worden, nur gegen Oss. Der Untersuchungsrichter hat dem Sinne nach gesagt: ‹Der T. kommt ja doch nicht› oder so etwas. Die Strafe für Oss wird keinesfalls schärfer, wenn ich nicht komme – er ist auch *nicht*, was die Laien nie kapieren, angeklagt, weil ich nicht da bin – er ist, genau wie in seinem großen Prozeß, als Verantwortlicher angeklagt, *neben* dem Autor.

Ich vermute, daß er nur Geldstrafen bekommen wird, die ich wahrscheinlich bezahlen muß, neben den Kosten des Verfahrens.

Komme ich, so bekomme ich im günstigsten Fall Geldstrafe, muß auch die bezahlen, die Fahrt, den Aufenthalt, den Anwalt und das Verfahren. Frau J. muß das nicht bezahlen, das steht im Vertrag; sie benimmt sich wie immer in den letzten Jahren auch in diesen Dingen tadellos korrekt. Und ich kann ja nicht verlangen, daß der Verlag nun alles bezahlt – so viel Geld ist da nicht.

Unter uns ist intern also alles in Ordnung.

Nach außen bleibt ein Erdenrest zu tragen peinlich. Es hat so etwas von Desertion, Ausland, im Stich lassen, der Kamerad Oss im Gefängnis, denn sie werden ihn nicht einmal zu Festung begnadigen – ein Grund mehr für mich, nicht zu kommen, denn sie werden, haben sie mich einmal, mir alle nur erdenklichen Geschichten machen.

Nach außen aber bleiben die maulenden Anhänger. Ich verteidige mich kaum – es ist mir wurst. Immerhin möchte ich keine Dummheiten machen.»

Mary Tucholsky riet ab, und er fuhr nicht nach

Berlin. Ossietzky wurde freigesprochen, die eingelegte Revision auf Kosten der Staatskasse verworfen, weil der Ausdruck «Soldaten» ein Abstraktum und damit nicht notwendigerweise die Reichswehr gemeint ist. Ossietzky kam infolge der am 20. Dezember 1932 vom Reichstag beschlossenen Weihnachtsamnestie frei – hätte also nach Hitlers Machtergreifung fliehen können. Er lehnte das ab, wollte weder die «Weltbühne» noch den – von ihm für möglich gehaltenen – antifaschistischen Kampf innerhalb Deutschlands aufgeben.

Wochen nach dem Reichstagsbrand wird Ossietzky am 6. April 1933 erneut verhaftet und ins KZ Sonnenburg gebracht.

Und nun nimmt Tucholsky am Schicksal des ehemaligen Gefährten so intensiven Anteil wie kaum an einem anderen Geschehnis der letzten Lebensjahre. Neben ihm, physisch, auf der Anklagebank – das nein. Neben ihm, moralisch, als vehementer Mitkämpfer – das ja. Keineswegs ist es Spekulation, wenn man meint, das Gefühl, 1932 doch versagt zu haben, mag der Motor gewesen sein für Tucholskys kämpferische Solidarität. In seinen «Q-Tagebüchern» findet sich unter dem Datum vom 19. Dezember 1935 diese Eintragung:

«Die Frage ‹Deutschland› ist für mich gelöst – ich hasse das Land nicht, ich verachte es. Aber im Falle Oss bin ich einmal nicht gekommen, ich habe damals versagt, es war ein Gemisch aus Faulheit, Feigheit, Ekel, Verachtung – und ich hätte doch kommen sollen. Daß es gar nichts geholfen hätte, daß wir beide sicherlich verurteilt worden wären, daß ich vielleicht diesen Tieren in die Klauen gefallen wäre, das weiß ich alles – aber es bleibt eine Spur Schuldbewußtsein. Dazu kommt, daß der Mann natürlich für mich wie für alle seine Mitarbeiter mit leidet.»

Wir kennen diesen Ton inzwischen. Er ist mit denselben Noten komponiert wie die Einsicht über sein unnobles Verhalten Else Weil gegenüber, seiner ersten Frau, und wie sein De-profundis-Abschied von seiner zweiten Frau Mary Tucholsky: nicht nur Bruchstücke einer Konfession, sondern auch Bausteine einer Lebenslüge. Immer, wenn Tucholsky die formulierte, war er am besten. Die Welt als Wille und Verstellung. Sein Einsatz für den gepeinigten und gedemütigten Kollegen per Brief an das «Arbeiderbladet» in Oslo, an Norman Angell und Lady Asquith ist das allerletzte Aufbäumen des politischen Publizisten Kurt Tucholsky, das am deutlichsten im Brief vom 1. März 1934 an Lady Asquith durchschlägt: «Die Behandlung, die dieser tapfere und saubere Mann hat erdulden müssen und noch erduldet, ist unwürdig. Es ist Ihnen sicherlich bekannt, wie die deutsche Regierung mit jenen verfährt, die sie in ihrer Gewalt hat: wenn sie sie nicht tötet oder zum Selbstmord treibt, tötet sie die menschliche Würde in ihnen. Das geschieht mit Carl von Ossietzky.

Ich bitte für ihn, obgleich ich weiß, daß das nicht in seinem Sinne ist. Er, der im Gefängnis alle Vergünstigungen zurückgewiesen hat, will Recht und keine

Gnade. Er würde, erführe er von meinem Schritt, sicherlich sagen: ‹Bitten Sie für alle, die dort leiden – nicht für mich!› Und doch bitte ich um Ihre Hilfe für ihn, weil er mein Freund ist, und ich bitte für ihn, weil er für uns alle leidet.

Wir alle, die wir an der ‹Weltbühne› mitgearbeitet haben, sind dafür geächtet. Die Wut, nicht alle Mitarbeiter verhaftet zu haben, ist bei den Hitlerleuten ungeheuer, und wenn ich nach den Rundfunkreden, den Broschüren, den Feiern bei den Bücherverbrennungen und den Zeitungsartikeln urteilen darf, wo stets wir alle (und insbesondere ich) angegriffen werden, so weiß ich: Ossietzky büßt für uns. Aus diesem Grunde habe ich bisher in der Öffentlichkeit schweigen müssen. Ich habe Furcht, daß jeder Artikel von mir an ihm gerächt wird. Er hätte meine Arbeit wiederum entgelten müssen.

Er ist die Geisel. Ich bin stumm. Daher wende ich mich an Sie, verehrte Lady Asquith, und bitte für ihn.»

Eine große Emotion – die sich Tucholsky prompt verübelt. Er ärgert sich über Belehrungen, dumme Briefe, eine falsche Kumpanei und das linke Imponiergehabe, einen Gestus und eine Sprache, die er als verbraucht erkennt. Genau das, was uns heutige Leser so beeindruckt an Tucholskys Interventionen für den Kampfgefährten, der alte «Tucho-Ton», das Zupacken der Sprache und die Gradlinigkeit der Haltung: Das verachtet Tucholsky. Er «sitzt in Sachen der Intervention, die ihm dumme Briefe eingetragen haben, jetzt ganz sicher im Sattel –: nie mehr. Das war noch das letzte Haar, an dem die Sache hing – sie hängt nicht mehr. Mag es gehn, wie es will. Ich bin immer für klare Lösungen gewesen: entweder – oder. Entweder man macht das, dann muß man es *ganz* machen, mit dem vollen Einsatz der Person, durchaus bereit, alle Kakelei auf sich zu nehmen, die dann todsicher einsetzt. Dazu gehörten auch etwas Geld, Gesundheit, sehr viel Energie und vor allem: Glaube. Oder man hält das Maul. Nach den Proben, die ich aus diesem nebbich ‹Lager› bekommen habe – diese trostlose Mischung von Schluderei, Kompromißlerei (*ohne* Gewinst), Unfähigkeit, Weltfremdheit, Lebensschwäche – also das nicht. Es verletzt mich, etwas darüber zu hören – ich fühle immer mehr: man soll in solchen Sachen blind seinem Instinkt folgen. Man sollte das wohl überhaupt. Was geschehen wird.»

Tucholsky hat sich zwar für Carl von Ossietzky eingesetzt, hat für die Verleihung des Nobelpreises an ihn gekämpft; aber er hat an Einsatz und Kampf – an den Erfolg – nicht geglaubt. Nicht wegen des mangelnden Einflusses, der klapprigen Mechanismen, fehlenden Beziehungen – sondern, weil er sich innerlich von den *Inhalten* verabschiedet hatte, für die einst gekämpft wurde. Er mißtraute dem Sieg in dieser Schlacht, weil für ihn – seit langem – der ganze Krieg verloren war. Das Hickhack um Ossietzky war ihm Symbol für einen großen Umbruch; drei Monate vor seinem Tod schreibt er an Hedwig Müller:

«Es ist noch viel schlimmer, noch viel mehr kleiner Salon, noch viel konformistischer, als ich dachte. Der Briefschreiber selbst ist ein sehr anständiger Kerl, der das Ganze ja gar nicht nötig hat – der mir nichts versprochen hat, von dem ich nichts zu verlangen habe. Aber Du kannst Dir nicht denken, wie das alles wirkt. Man müsse sich hinter ‹Selma› stecken, das ist die Lagerlöf, und die ist aber krank, und will überhaupt nicht für Johann stimmen, denn sie kennt ihn nicht. Darauf habe ich, um irgend etwas zu sagen, man solle sich an ihren Übersetzer wenden, das findet aber wieder der hiesige Herr Voschèle dumm (wie mich das geärgert hat: was erzählt jener dem das, und was hat der über meine Vorschläge zu urteilen, ich habe ihn nicht gefragt) – und es ist schrecklich. Und was ich befürchtet habe, ist eingetreten: die Damen in Paris, leider auch der Gartenzwerg, haben das einzige, das ich schon vor einem Jahr vorgeschlagen habe, überhaupt nicht getan: in ihrer dämlichen Potsdamerplatzgesinnung, die alle Welt mit dem heimischen Quatsch vertraut glaubt, haben sie verabsäumt, erst mal eine Menge Artikel des Mannes zusammenzustellen, was doch das allererste und allerwichtigste ist – und nun, jetzt, im Oktober, schlägt mir jener vor, man müsse unter der hiesigen Jugend eine Kampagne machen, Nummern des Blättchens verteilen und so fort. Zwei Monate, bevor das losgeht! Und fügt hinzu, ich solle doch ja bedenken, wie reformistisch und wie konformistisch das hier alles sei, und wie vorsichtig man sein müsse, und wie man, und daß man nicht... Das alles in der aller- aber auch allerbesten Absicht: ich werde Dir diesen Brief gelegentlich schicken. Er selbst aber dürfe sich nicht herausstellen, denn das ginge nicht. Auch das nicht feige, sondern beinah rührend.

Und nun will ich Dir mal was sagen:

Ich habe es satt. Nein, ich will es nicht mehr, nie, nie mehr wieder. Und der Zweck heiligt nicht die Mittel, das habe ich mir 20 Jahre mit angesehn, und wir haben ja gesehn, welchen Erfolg das alles gehabt hat. Ich weiß mit der letzten Faser meiner Instinkte: das ist zur Erfolglosigkeit verdammt, und das stimmt auch – das ist nichts. Kompromisse muß jeder machen, das ist richtig. Wenn aber bereits im innersten Kern einer Sache nichts als Kompromisse stecken, dann wird sie nichts. Man wird einwenden: ‹Aber hier sollen ja gar keine Revolutionen gemacht werden, hier soll für den etwas erreicht werden, und das kann man nur, indem man die Leute nicht vor den Kopf stößt›, und ich aber sage Dir: das ist alles Unfug. Wahrscheinlich wirst Du recht behalten, und die denken gar nicht dran, ihm das zu geben. (Wofür man sie nicht schmähen darf – niemand hat Anspruch auf diese Sache.) Aber *wenn* denen überhaupt etwas imponiert, so ist es die Kraft und die Stärke, der Mut und das Draufgängertum. Erfolg hat nur der Erfolg. Wer hat sich früher um die *geistigen* Elaborate des Faschismus gekümmert? Das wurde ernst genommen, als Straßenschlachten geschlagen worden waren, als er eine *Macht* geworden war – und überall sind Tyrannen nur zur Macht gekommen durch Gewalt. (Was nicht immer Roheit sein muß, aber sein kann.) Mit Kompromissen anzufangen, sich stets und immer die Melodie durch die andern vorschreiben zu lassen – ich will nie mehr etwas damit zu tun haben, und mir tut noch heute jeder Schlag leid, der damals danebengegangen ist, als ich noch schlug.»

Das wäre ein großer Aufsatz. Es ist aber ein Brief.

Seine Briefe waren in den Jahren, in denen er öffentlich schwieg, das vorletzte Aufbäumen. Die Knappen und Ritter und Matadore, die er einst ausgeschickt hatte zu den Kampfspielen – der knarzige Wrobel und der giftige Tiger und der versponnene Hauser –, die hatte er nun fortgeschickt. War der eine geblieben, der Kurt Tucholsky hieß? Der hatte sich neue Spiele und Namen und Verstecke ausgedacht: Lieschen nannte er die Schwester von Hedwig Müller, die Gertrud Elisabeth hieß, und für sich selbst hatte er vielhundertfaches falsches Namensgeld ausgegeben, auf das der eigene nie gemünzt war: «Sag mal Lieschen, woso heißt Deine Tochter eigentlich nicht Peter –? Ich kann und kann Dir das nicht verzeihen. Ich heiße doch auch nicht Peter, da kann er doch Peter heißen.»

Die vier PS gab es nicht mehr. Das fünfte löste sich auf.

Seit 1932 hat Tucholsky nichts mehr publiziert. Die Karriere des Autors hatte mit einer erfundenen kleinen Liebeserzählung begonnen; «Rheinsberg», 1912. Die Laufbahn des Schriftstellers endete mit einem imaginierten Liebesroman, «Schloß Gripsholm», 1931. Und der Publizist? Sein Verstummen hat viele äußere Gründe und einen tiefen inneren Grund.

Die äußeren waren: Er hatte keine Plattform mehr. Von der «Weltbühne» hatte er sich entfernt. Ende 1931, Anfang 1932 war bereits eine Wiener Parallelausgabe – «Wiener Weltbühne» – installiert worden, an deren Zustandekommen Tucholsky in Wien mit dem dortigen Redakteur Willy S. Schlamm mitgewirkt hatte; es war eine das baldige Verbot voraussehende Vorsichtsmaßnahme. Das Blatt erschien in einem von Edith Jacobsohn und dem Wiener Industriellen Dr. Hans Heller – zu gleichen Teilen – gegründeten Verlag. Schlamm war nach dem Verbot der Berliner Zeitschrift deren Chefredakteur und gab sie ab 14. April 1933 unter dem Titel «Die neue Weltbühne» in Prag heraus, die nach weiterem Verlags- und Redaktionswechsel im August 1939 eingestellt wurde.

Mit Ausnahme weniger Glossen und Briefratschläge nahm Tucholsky am Schicksal der Exilzeitschrift nur mehr als räsonierender Leser teil, so wie er – dessen Bücher am 10. Mai 1933 öffentlich verbrannt wurden und der am 25. August 1933 zusammen mit Lion Feuchtwanger, Hellmut von Gerlach, Alfred Kerr, Heinrich Mann, Willi Münzenberg, Ernst Toller u. v. m. ausgebürgert worden war – auch nicht an einer der diversen anderen Exilzeitschriften mitarbeitete. Auch das Interesse von Exilverlegern – wie Emil Oprecht – griff er nie auf. Ausländische Zeitungen oder Verlage standen ihm nicht zur Verfügung – Tucholsky war im nicht deutschsprachigen Ausland so gut wie unbekannt. Einige – sehr wenige – Offerten beschied er negativ. Selbst auf Reisen in Zentren der deutschen Exilliteratur – Zürich, Tessin, Paris, Le Lavandou – vermied er es geradezu peinlich, ehemaligen Kollegen zu begegnen. Was war passiert? Passiert war zuerst einmal gar nichts. Tucholsky lebte in seinem elegant möblierten Haus in Hindås im südlichen Schweden, hatte eine große Bibliothek, mehrere Zeitschriften abonniert, verlebte die Sommermonate mit Dienstmädchen an der Ostseeküste oder auf Reisen, von denen gelegentlich so skurrile Hilferufe erklangen wie dieses Telegramm: «Erbitte grauen Wintermantel eingemottet auf Boden sofort nach Zürich Florhofgasse 1 bei Dr. Müller Dank für Bemühungen»; ebenso dringlich wurde auch schon mal nach einem fehlenden Anzugknopf oder einem Waschbeutel gefahndet: «Sahre mal – habe ich damaltz im Jahre 1933 meinen mit einem Reisseverschluß behafteten Waschsack bei Dir stehen lassen? Wenn ja, grüß ihn von mir und bewahre ihn gut auf.»

Von den drei zuletzt erschienenen Büchern «Deutschland, Deutschland über alles» (1929), «Lerne lachen ohne zu weinen» (1931) und «Schloß Gripsholm» (1931) waren hohe Auflagen verkauft worden; sein Paß war noch nicht abgelaufen (im März 1934 erhielt er einen schwedischen Ausländerpaß). Im Sommer 1932 hatte er im vornehmen Tessiner Sanatorium La Barca – wo es wegen einer anderen Frauenaffäre zum Zusammenprall mit Ignazio Silone kam – die Zürcher Ärztin Hedwig Müller kennengelernt; sein letztes Publikum: Klagebank, Trösterin, Beichtvater.

Vor allem den – auszugsweise veröffentlichten – Briefen an sie und den ihr gewidmeten Tagebüchern verdanken wir Kenntnis über Tucholskys letzte Jahre, bis hin zu dem befremdlich ausgedörrten Notat: «Außerdem träume ich immerzu von meiner sel. Zweiten, was mag das bedeuten?»

Passiert war nicht viel. Geschehen war Einschneidendes.

Mit derselben unerbittlichen Schärfe, mit der Tucholsky die Fehlentwicklung der Weimarer Republik gegeißelt hatte, kritisiert er nun – sich selber. Unter der Überschrift «Es ist aus...» hält er Gericht über alle Denkmodelle, Fühlweisen, Verhaltensmuster, die die Katastrophe ermöglichten.

Das Instrument war noch gar nicht erfunden, das sich Tucholsky da Tag für Tag selber konstruiert, um ohne jegliches Erbarmen, ohne jegliche Sentimentalität, ohne jegliches (Selbst-)Mitleid zu diagnostizieren: «Aber links ist nichts und aber nichts...»; «Man muß sich schämen, Jude zu sein»; «[...] ich für meinen Teil also lehne jeden, aber auch jeden ohne Ausnahme radikal ab, der das bejaht, der dort mitmacht, ja, schon den, der dort leben kann.»

Das sind die drei Credos, die Tucholsky in hundertfacher Variation – in den Briefen an Walter Hasenclever und einige andere – wiederholt. Im vollkommen unbarmherzig kalten Feuer seiner Radikalität verbrennt er, was hinter ihm liegt. Verbrennt sich: «Die Welt, für die wir gearbeitet haben und der wir angehören, existiert nicht mehr. [...] Ich für meinen Teil habe kein Mitteilungsbedürfnis mehr; für welches Publikum! Man kann für kein Parkett schreiben, das man verachtet.» Der hier unter der litaneienhaft wiederholten Selbstbeschwörung, er sei müde, am Ende, desinteressiert, es ginge ihn alles nichts mehr an, «– es ist ja ein bißchen kindisch, immer wieder auszudrücken, daß es einen nichts mehr angeht –»: der wächst noch einmal auf zu dem vielleicht klarsichtigsten, großartigsten politischen Publizisten seiner Zeit; ohne zu publizieren. Noch heute – gerade heute – möchte man stundenlang und seitenweise vorlesen aus diesen Prophezeiungen, Warnungen, Abrechnungen. Die nahezu datenexakte Voraussage des Krieges: «Das bedeutet dann in fünf Jahren etwa irgendeinen Krieg» – Juli 1934! «Immer stärker bis zur Gewißheit ist in mir: *det sind sie*. Es ist nicht wahr, daß das arme Volk unterjocht ist, daß sie es nicht gewollt haben, es ist nicht wahr» – Juli 1934! «Rußland wird, wenn Deutschland gesiegt hat, am Rhein beginnen» – März 1935! «Man muß von vorn anfangen – nicht auf diesen lächerlichen Stalin hören, der seine Leute verrät, so schön, wie es sonst nur der Papst vermag – nichts davon wird die Freiheit bringen. Von vorn, ganz von vorn» – Dezember 1935! Tucholskys Feder trennt Lüge und Seelenfett und Mogelstränge und die tauben Nerven voneinander ab; und sich mitten durch.

Die Lektüre der Briefe bietet den Anblick einer Gespensterarmee: Auf Pferdeskeletten galoppieren die ermordeten Pseudonyme heran, über ihren Totenköpfen flattern zerschlissene Fahnen, auf denen die alten Symbole gelöscht sind. Noch lebt der Heerführer, dessen Litanei ein grindendes Geräusch macht: als mahle sich da einer selbst durch die Pfeffermühle, zu Staub. Hier ist das literarische Dokument für jenen Auflösungsprozeß eines Ich festgehalten – von eben diesem Ich.

In Wahrheit sind diese Briefe – ob an Nuuna, die er mochte, oder an Hasenclever, an dem er hing – keine Briefe. Es sind Notate mit einer Anrede. Der eigentliche Adressat heißt Kurt Tucholsky. Die Ruf-Monologe werden immer rasender, voller Entsetzen schreiben sie das eigene Verlöschen auf – nicht zu zählen die Sätze wie «da kommt nichts mehr», «ein aufgehörter Dichter», «ich kann mir nicht denken, daß es jemals nochmals fließt». Rührend dabei die vielen kleinen Späßchen über mögliche spätere Herausgeber dieser Korrespondenz und die flehentlichen Bitten zugleich, niemand dürfe das je lesen, es sei nur so herausgekollert, nicht formuliert, ohne Belang; Hasenclever habe ihn gefragt, «warum ich so einen Brief, wie ich an ihn schriebe, nicht veröffentlichte» – winziges Hoffnungsblinzeln, ein Haschen nach Sternen, die sich im verrinnenden Wasser spiegeln; sie verzischen bei der Berührung.

Die überwältigende Würde dieser Texte wurzelt eben darin, daß Tucholsky sich ohne jeden Umstand einbezieht. Er dekretiert nicht nur, «Wer einmal marxistisch denken gelernt hat, der kann überhaupt nicht mehr denken und ist verdorben», sondern stülpt sich auch selber um: «Hier ist die ganze Hohlheit der ‹Linken›, ihre Wortberauschtheit, ihre Leere und ihre elende Schwäche. Ich auch? Ich auch. Nur habe ichs nun eingesehn, und nie, nie wieder.» Im Auflösen des überkommenen Kanons berührt Tucholsky sich überraschenderweise mit Autoren, die er nicht mochte oder die ihn nicht mochten. Wir stehen vor dem seltsamen Phänomen, daß marxistische Schriftsteller – ob Bertolt Brecht oder Johannes R. Becher oder Anna Seghers; im Exil auf je verschiedenen Kontinenten, in Kalifornien, Moskau und Mexiko – stets die These vom «anderen, besseren Deutschland» vertraten. Sie glaubten an die Massen, als die schon am roten Wedding die Hakenkreuzfahne hißten; an das Volk, als das schon die Schaftstiefel im Gleichschritt schwang; an das Proletariat, als das schon die Panzer, Stukas und U-Boote bestieg, um die Nachbarvölker zu morden. «[...] wie dieser Koloß, der sich im Osten mit Blut vollsaugen wird, sich eines Tages auf die andere Seite wälzen wird, und dann wehe Frankreich!» – nur die Reihenfolge war falsch an Tucholskys Schrekkensvision. Aber es war ein Thomas Mann – von Tucholsky nie geschätzt –, der den Nationalsozialismus eine «politische Erfüllung von Ideen» nannte, «die seit mindestens anderthalb Jahrhunderten im deutschen Volk und in der deutschen Intelligenz rumoren»; und es war ausgerechnet Joseph Roth, der nicht nur verblüfft konstatierte, «gegen den Auswurf der Hölle ist selbst mein alter Feind Tucholsky mein Waffenkamerad», sondern der auch mit fast denselben Worten dieselbe schneidende Konsequenz zog: «Jedermann, ganz gleichgültig, was er ist, wie er früher war, der öffentlich heute in Deutschland tätig ist, ist eine BESTIE.»

Es scheint, als ob die irrten, deren Entwurf vom Menschen der des Fortschritts war, der Weiter- und Höherentwicklung zur Vernunft. Und als ob die die historische Wahrheit erkannten, die das Bild vom Menschen schwärzten als eines Wesens, von dunklen Trieben gesteuert. Es war eine zerstörerische Wahrheit.

Sie formuliert zu haben, bleibt das – weithin noch nicht recht erkannte – Verdienst dieses Schriftstellers. Er hat die ganze verschmockte Furtwänglerei vorhergesehen, das Wegschauen, Mitlaufen, Lavieren, das unappetitliche «Man muß doch leben», mit dem sie Ufa-Filme drehten, und die feige Drückebergerei des «Ich habe doch nur...», mit dem sie alle mitmachten, die Millionen Rädchen eines barbarischen Systems: die Radiosprecher der Sondermeldungen und Blockwarte, die Zeitungsredakteure und Rampenselektierer, die Hausfrauen vom Winterhilfswerk und Sportpalastjubler. Tucholsky war immer der Mann der «kleinen Stimme» gewesen – so sah er vielleicht nicht das Massenverbrechen und den Millionenmord der Zukunft voraus. In einem Brief hat er sich selber «keinen Tiresias» genannt: «1913 habe ich an eine ‹Kinomüdigkeit› des Publikums geglaubt und die Bedeutung dieser löblichen Institution nicht erkannt. 1918/1919 habe ich überhaupt nichts verstanden. [...] 1933 habe ich an die Ernsthaftigkeit der Judenverfolgungen nicht geglaubt, wenigstens nicht bis zum Reichstagsbrand. Du siehst: ich halte mich für keinen Tiresias.»

Aber die hunderttausendfache Mediokrität, die klebrige Seligkeit von Schlusnus-Liedern im Reichsrundfunk als seelische Durchhalteparole und Hans Schmidt-Isserstedt mit dem Chor der Deutschen Staatsoper (die da schon in Trümmern lag) vor den Arbeitern einer Rüstungsfabrik: dieses ganze Kunst-Make-up über der Fratze der Verbrecher durchschaute er genauso wie die Lügen der Unternehmer, die er «Négociants de morts» bezeichnete: «Sage dem

Syndikus einer solchen Waffenfabrik, er sei schuld am nächsten Kriege, und sage: Sie sind ein Helfershelfer des Massenmordes! – so wird er dir antworten: ‹Sie haben wohl einen Vogel. Ich mache hier Bürostunden, und Sie sagen mir Helfershelfer! Was wollen Sie eigentlich?›»

Es blieb jedoch nicht bei dieser Unheilsprophetie, nicht bei der gespenstischen Vorwegbeschreibung – als habe dieser Mann die munteren Marika-Rökk-Hopsereien, Zarah Leanders Raunen und Werner Krauß' Jud-Süß-Infamie gesehen und gehört. Vielmehr geschah etwas Radikales: Tucholsky – das Alte als Irrtum erkennend – suchte nach etwas Neuem. Eine Idee? Ein Glaube? Ein Inhalt?

Schwer zu sagen. «Immer suchen ist nicht schön», schreibt er einmal, «Man möchte auch mal nach Hause...» Dieses neue Haus kann man nur mit einer *positiven* Kraft bauen – das ist von nun an Tucholskys ganzes Sinnen und Trachten: «Man muß den Menschen *positiv* kommen. Dazu muß man sie – trotz alledem – lieben. Wenn auch nicht den einzelnen Kulicke, so doch die Menschheit. Ich vermags nicht. Meine Abneigung gegen die Schinder ist viel größer als meine Liebe zu den Geschundenen – hier klafft eine Lücke.»

Tucholsky, der sich mal «kein Bolschewist, aber ein Anti-Anti-Bolschewist» genannt hat, verabschiedet das «Anti». Das Wort von der «positiven Doktrin», mit der man jetzt den Kampf führen müsse, fällt oft, eine eigene Kraft, die dem Gewölk aus Rassismus, Nationalismus und Militarismus entgegenzusetzen wäre. Solange das fehlt, weiß er, daß Hitler siegen wird. «Man siegt nicht mit negativen Ideen.»

Das Radikale war: Tucholsky entdeckt die Gegenkräfte im – konservativen Lager. Er liest Charles Péguy – «das ist ein großer Schriftsteller» –, Drieu de la Rochelle – «einen ausgezeichneten Artikel» –, François Mauriac – «Je mehr Essays von Mauriac ich lese, desto besser gefällt er mir» – und Arnaud Dandieu – «Schade, daß er mit 36 Jahren gestorben ist, das ist wirklich ein Verlust». Das schreibt Tucholsky über dessen – gemeinsam mit Robert Aron herausgegebenes – Buch «La Révolution nécessaire», mit dem er sich sehr ernsthaft auseinandersetzt. Dandieu gab auch gemeinsam mit Aron die Zeitschrift «L'Ordre Nouveau» heraus. Die neue Ordnung...

L'Ordre Nouveau» war nicht nur eine Zeitschrift, deren Mitarbeiter auch in anderen, vergleichbaren Blättern – wie dem von Tucholsky regelmäßig gelesenen «L'Esprit» – publizierten; es war auch eine «Bewegung», fast eine Sekte, ein «Orden». «Ordnung, das ist das Gesetz des Lebens», heißt es im Manifest der ersten Nummer einer anderen Zeitschrift, «Réaction», deren Untertitel «Réaction pour l'ordre» lautet. Dandieu und Aron, die im geistigen Milieu des Frankreich der dreißiger Jahre eine führende Rolle spielten, arbeiteten hier ebenso mit wie Georges Bernanos, Maurice Barrès, Charles Maurras oder André Malraux. Das Programm von «Réaction» – zum Beispiel eine Kritik des Kapitalismus zugunsten radikaler bürgerlicher Werte wie eine christlich-fundamentalistische Demokratie-Kritik – ähnelte in vielen Punkten dem der 1932 gegründeten Zeitschrift «Esprit», die sich «ein Werk der Reinigung und Neuschöpfung» vornahm und tatsächlich im Gründungsmanifest ihrerseits «un ordre nouveau» gegenüber dem Verfall der Moderne errichten wollte. «Unsere Feinde», hieß es da, «sind

1. Der individualistische Materialismus
2. Der kollektivistische Materialismus
3. Der falsche Spiritualismus der Faschisten.»

Expressis verbis attackierte die Zeitschrift das Konzept vom Menschen als Homo oeconomicus, sah ihn statt dessen als «Zentrum der Freiheit, der Meditation, des Schöpferischen und der Liebe».

Zu den Hauptmitarbeitern von «Esprit» zählten Arnaud Dandieu (der 1933 mit 36 Jahren starb) und Robert Aron, die erst «Le Mouvement de l'Ordre Nouveau» formierten und kurz darauf die «L'Ordre-Nouveau»-Zeitschrift gründeten (zu deren Mitarbeitern u. a. Denis de Rougemont zählte). Eine Untersuchung über die in diesen Gruppen und Zeitschriften zutage tretenden Tendenzen des geistigen Frankreich nennt sie «eine Sekte», die saint-simonistisches Gedankengut belebt. Nicht nur in dem von Tucholsky immer wieder hervorgehobenen Buch «La Révolution Nécessaire», sondern auch in einer Art Katechismus, den die Nr. 9 vom März 1934 vorlegt, formulieren sich Konzepte und Aggressionen, die sich nahezu wörtlich in Tucholskys Briefen wiederfinden:

«‹L'Ordre Nouveau› bereitet die Revolution der Ordnung gegen die kapitalistische Unordnung vor wie gegen die bolschewistische Unterdrückung, gegen den impotenten Internationalismus wie den mörderischen Imperialismus, gegen den Parlamentarismus und die Diktatur.» Aus all diesen Gruppierungen (mit noch weiteren Publikationsorganen wie «Plans» und «Combat») gingen spätere Faschisten wie Drieu de la Rochelle oder spätere Kommunisten wie Paul Nizan hervor.

Tucholsky war zutiefst von diesen Gedankengängen beeinflußt. Er war offenbar der einzige deutsche Intellektuelle, der diese Debatten – die natürlich in den kleinen Zirkeln der Elite ausgetragen wurden – überhaupt wahrnahm. Der Mann mit den reizbaren Nerven und dem untrüglichen Wahrnehmungssystem war – wieder einmal; das letzte Mal – der erste: am Schluß. Was er hier vordefiniert fand und in quälenden Variationen weiterdachte – das war das Ende:

«Erlaube bitte, daß ich für einen sozialen Tatbestand der Abkürzung wegen ein großes Wort wähle, das wir ja sonst nicht anwenden. Nemmlich: Deine ‹Ehre› ist für Roby eine lebende Sache. Rührt Dich jemand in seiner Gegenwart an oder kommt er Dir belästigenderweise zu nah, dann kriegt er von Roby hinter die Ohren, und wenn es fünf sind, dann läßt sich der Roby dafür verhauen. Diese Ehre also *lebt*. Die freiheitlichen Ideen des Bürgertums aber sind tot, niemand läßt sich dafür ohrfeigen. Das Pressegesetz des Bundesrats, das in der Schweiz die nebbich Pressefreiheit einfach aufhebt, rührt keinen Menschen, weil keiner mehr diese Freiheit als lebensnotwendig empfindet. Hier ist etwas zu Ende gegangen. Daß auf den Champs Elysées antisemitische Blätter verkauft werden, zeigt, daß niemand das als schändlich empfindet – achselzuckend, murrend und gleichgültig gehen die Leute daran vorbei, und die Juden sind ja auf Meilen nicht zu sehn. Nun, was sich nicht aggressiv verteidigt, das geht unter, und man soll es noch stoßen, denn es ist nicht mehr lebensfähig. Es ist für uns andere, die wir weder Faschisten noch Kommunisten sind, keinerlei Idee da, für die wir ein Opfer bringen könnten, keine, die uns befeuert, wir wissen nur, was wir nicht wollen. Und der, der etwas nicht will, ist immer schwächer als der, der etwas will.»

Keinerlei Idee. Das ist es, was Tucholsky in den letzten Jahren seines Lebens umtreibt. Das «kein» kennt er, sieht sich etwa in seinem Anti-Kapitalismus, der zugleich Anti-3.-Internationale ist, von diesen französischen Gruppen bestärkt. Das Ja hört er bei ihnen angedeutet – denn das ist ihr gemeinsamer Ansatzpunkt: neue Formeln zu finden vis-à-vis dem abgestorbenen Alten –; aber er kann es nicht mit-skandieren:

«Ich habe mir aus dem Ordre Nouveau (auf den ich übrigens nicht schwöre, er hat keine, sagen wir, force virile), ich habe aus diesen Heften und seinen Autoren herausgezapft:

Eine Revolution ist um so blutiger, je schlechter sie vorbereitet ist.

Il n'ya pas de solution immédiate.

Polemik allein ist gar nichts – man muß mit etwas kommen, das genauso stark, genauso rücksichtslos, genauso frech ist wie der andere.

Alles das fehlt. Und deshalb glaube ich nicht, daß da viel herausschaut. Über die Anständigkeit, den

Mut, die Sauberkeit ist kein Wort zu verlieren – ich bejahe das alles wie Du. Aber sub specie nicht mal aeternitatis, sondern auch schon der nächsten 50 Jahre, ist das nichts und wird auch keine Wirkung ausüben. Abneigung allein ist nichts. Der Faschismus hat keine Gegner. Schöde.»

Vieles liest sich wie wörtliche Übersetzungen aus diesen Zeitschriften, deren Analysen der «Crise totale de la civilisation», der «désordre etabli, la dictature des congrégations économique» bis ins Vokabular von Ehre, Würde oder Infamie hinein völlig denen Tucholskys gleichen. Wie sie – vor allem Aron und Dandieu – will Tucholsky sich dem alten Links-rechts-Schema entziehen. «L'Ordre Nouveau» versucht, eine neue – positive – Mitte zu bestimmen, «une restauration totale de la personne humaine».

Neben dem ebenfalls konservativen «Temps» ist diese Zeitschrift die häufigste, genaueste Lektüre Tucholskys, nach der er mit gespanntester Aufmerksamkeit greift. Weder Leopold Schwarzschilds «Neues Tagebuch» noch das eigene alte Blättchen (wie er einst zärtlich die «Weltbühne» bezeichnet hat) sind ihm so wichtig; sie kommen vor, und mal gibt es eine spöttische Bemerkung über Kurt Hiller und mal eine glossierende über Walter Mehring – doch das sind für ihn die alten Kämpfe in alter Sprache und in alten, verbrauchten Denkbahnen. Tucholsky ging sogar so weit, sich eine Mitarbeit beim «L'Ordre Nouveau» vorzustellen:

«Der ‹O. N.› ist eben doch noch sehr blutleer. Daß das Programm zunächst mit Menschen rechnet, ist in Frankreich nicht ganz falsch. Die Behandlung der vermassten Menschheit fehlt, die Massenpsychologie, in der die Franzosen ziemlich stark sind, fehlt – wäre ich Franzose, so arbeitete ich da auf das kräftigste mit. Gehen sie in die Terminologie, ja auch nur in die Typographie der Wahlplakate, sind sie verloren. Denn auf diesem Gebiet sind sie zu schlagen. Und da werden sie geschlagen, da kommen sie gar nicht erst auf, denn brüllen können die andern besser. Haben sie den Mut, vorläufig beiseite zu stehen und eine neue Denkrichtung zu begründen, dann kann es etwas werden.»

Der hier schreibt, ist ein gänzlich anderer Schriftsteller. Rückwärts gewandt. Zwar Zeile für Zeile unerbittlich, ohne jegliche Selbsttäuschung: «Ich für mein Teil gehöre nicht mehr dazu. Aus ist aus. Ich werde nie mehr zurückfinden.»

Doch nach vorne gewandt unsicher, witternd, mehr spürend als wissend. «Lesen Sie, wenn Sie Geduld haben, Dandieu [...]», schreibt er Freund Hasenclever, «Sie werden daran vieles finden, für das uns bisher nur der konkrete Ausdruck gefehlt hat. Der Mensch ist eben *nicht* ein homo oeconomicus und nichts als das.» Da ist es gesagt. Lustiger – doch nur scheinbar unernst – hat er es in seinen «Etzlichen Gedanken den Herrn Casanova betreffend» formuliert: «Der Schwanz ist nicht marxistisch.» Tucholsky mißtraut von nun an der Ratio – die «Menschen leben nicht nach der Ratio», schreibt er zur gleichen Zeit an Hedwig Müller – und weiß aber im selben Augenblick nicht, was er an deren Stelle setzen soll. Der Mystizismus Péguys oder die Denkanstöße der Ordre-Nouveau-Gruppe sind ja keineswegs Rezept; Allheilmittel schon gar nicht: «Natürlich hat die Lehre ein

Loch. Das ist die optimistische Überschätzung der menschlichen Natur.» Er sieht das nicht einmal als Möglichkeit für sich. *Deswegen schweigt er.* Die alten Positionen sind abgestoßen, eine weggesunkene Eisscholle; aber er hat keinen neuen Boden unter den Füßen. Das ist die Ursache, weshalb er nicht einmal mehr seine Kritik des Bestehenden öffentlich machen mag: «Es gibt keine geistige Position, von der aus ich das sagen könnte. Es hat so etwas verfehlt Savonarolahaftes: *der* verlangt Opfer! [...] – es gibt keine geistige Position. Daher mein Schweigen.»

Er erkennt den «Kern des verächtlichen deutschen Wesens», aber damit zugleich, daß man das nicht mit Haß bekämpfen kann, «auch nicht mit dem Haß, der aus der Liebe kommt»; womit er sich wörtlich von seiner so grandiosen Eigendefinition des Jahres 1919 verabschiedet, als er «Wir Negativen» eben damit charakterisiert. Jetzt sagt er: «Man kann es nur mit Liebe bekämpfen, wenigstens etwas. Ich sage das, obgleich ich diese Liebe nicht verspüre – ich bin erstarrt.» Fast nie sonst in seinem Leben war Tucholsky so ernst; nie hat er mit solcher Ernsthaftigkeit gehadert, um eine – neue – Selbstbestimmung gerungen. Ohne zu zögern gibt er auf, was man vielleicht seine bisherige Weltsicht nennen kann. Die Entdeckung Kierkegaards gehört dazu.

Wer diesen Namen ausspricht, hat den Begriff Geschichtspessimismus ausgesprochen. Tucholsky weiß das, wenn er schreibt: «Das Erlebnis der Erlebnisse heißt: Kierkegaard», den er wenig später einen großen Mann nennt und den er mit einer Pointe «korrigiert», die nicht lustig ist, sondern abgesunkene Hoffnung offenbart: «Im übrigen sagen alle, auch Kierkegaard, man würde Christus, wenn er heute wiederkäme, kreuzigen. Das halte ich für falsch. Wenn er heute wiederkäme, würde man ihn nicht kreuzigen. Man würde ihn interviewen.»

Seine Entdeckung Kierkegaards läßt sich nicht abtun mit Wortspielereien, die sich auf «Wiederholung» reimen – wie ja bekanntlich ein Buch des Dänen hieß; gewiß, den Zirkelschlag seiner Wiederholungsmanie der letzten Jahre hat Tucholsky erkannt, auch ironisch an Hedwig Müller glossiert: «Über die bolitischen Verhältnisse kann ich mir ja keinen Gummistempel machen lassen, aber das beste wäre es wohl; man könnte die Sachen auch numerieren, dann brauchte ich Dir nur mit flammender Entrüstung zu schreiben: No 14!» Aber die Identifikation liegt viel tiefer. Wir haben es zu tun mit einem inneren Gleichklang der Gedanken, Emotionen; übrigens auch Müdigkeiten. «Daß das ganze Leben eine Wiederholung», heißt es bei Kierkegaard in einer Studie des Jahres 1843 – und bei Tucholsky heißt es 1931 so:

«Wenn du aufwärts gehst und dich hochaufatmend umsiehst, was du doch für ein Kerl bist, der solche Höhen erklimmen kann, du, ganz allein –:

dann entdeckst du immer Spuren im Schnee. Es ist schon einer vor dir dagewesen.

Glaube an Gott. Verzweifle an ihm. Verwirf alle Philosophie. Laß dir vom Arzt einen Magenkrebs ansagen und wisse: es sind nur noch vier Jahre, und dann ist es aus. Glaub an eine Frau. Verzweifle an ihr. Führe ein Leben mit zwei Frauen. Stürze dich in die Welt. Zieh dich von ihr zurück...

Und alle diese Lebensgefühle hat schon einer vor dir gehabt; so hat schon einer geglaubt, gezweifelt, gelacht, geweint und sich nachdenklich in der Nase gebohrt, genau so. Es ist immer schon einer dagewesen. [...]

Das darf dich nicht entmutigen. Klettere, steige, steige. Aber es gibt keine Spitze. Und es gibt keinen Neuschnee.»

Das große Vergebens war immer der Violinschlüssel für Tucholskys Musik, wozu immer er auch aufspielte. Von den Jahreszeiten liebte er die, die Abschied signalisierte; den späten Herbst; von den Landschaften die, die keine «Unruhe», sondern Stille bot: die Ostsee; von den Frauen die, die am ehesten «Wiederholung» – ferne Mutter nämlich – war: die kühle Blonde. Vom Leben das, was währt: den Tod. «Er ging leise aus dem Leben fort», wird er am Ende des seinen schreiben, «wie einer, der eine langweilige Filmvorführung verläßt, vorsichtig, um die anderen nicht zu stören.»

Tucholsky, der pessimistische Revolutionär, war ein zutiefst konservativer Mensch; wenn denn «konservativ» heißt, Überkommenes zu wahren. Daher sein Menschenmißtrauen und seine Geschichtsskepsis

– daher die Affinität zu Kierkegaard; für den Hoffnung die Fahrt ins Ungewisse, ins Unglück ist: «Die Liebe der Wiederholung ist in Wahrheit die allein glückliche. Sie hat nicht wie die der Erinnerung die Unruhe der Hoffnung [...]». Das klingt nicht nur fast wörtlich wie jene Sätze aus «Rheinsberg»: «Und es gibt keine tiefere Sehnsucht als diese: die Sehnsucht nach der Erfüllung. Sie kann nicht befriedigt werden...» – das ist eine psychische, geistige, künstlerische Haltung, die Geschichte als Beunruhigung, Entwicklung als Drohung, Fortschritt als Abenteuer begreift. Deshalb die lebenslange Verehrung solcher Dichter wie des Selbstmörders Heinrich von Kleist oder des früh verstorbenen Georg Heym, von dessen Gedicht «An Hildegard K.» er bis zu seinem Tode die letzten Verse in der Brieftasche trug:

Göttliche Trauer,
Schweige der ewigen Liebe.
Hebe den Krug herauf,
Trinke den Schlaf.

Einmal am Ende zu stehen,
Wo Meer in gelblichen Flecken
Leise schwimmt schon herein
Zu der September Bucht.

Oben zu ruhn
Im Hause der durstigen Blumen,
Über die Felsen hinab
Singt und zittert der Wind.

Doch von der Pappel,
Die ragt im Ewigen Blauen,
Fällt schon ein braunes Blatt,
Ruht auf dem Nacken dir aus.

Und deshalb, Abschied von jeder Utopie und jeder Vision, diese ihn tief verändernde Entdeckung Kierkegaards, in dessen Verneinung von Hoffnung Tucholsky sich selber formuliert fand: «Hoffnung ist eine neue Kleidung, steif und stramm und glänzend, doch hat man sie noch nie angehabt und weiß deshalb nicht, wie sie einen kleiden wird oder wie sie sitzt. Erinnerung ist eine abgelegte Kleidung, die, wie schön sie auch sei, doch nicht paßt, da man aus ihr herausgewachsen ist. Wiederholung ist eine nicht abzunutzende Kleidung, die sich fest und weich anschließt, weder drückt noch flattert. Hoffnung ist ein reizendes Mädchen, das unseren Händen entschlüpft; Erinnerung eine schöne, alte Frau, mit der uns doch im Augenblick nie gedient ist; Wiederholung ist eine geliebte Hausfrau, deren man niemals müde wird, denn nur des Neuen wird man müde. Des Alten niemals.»

Kierkegaard baut aus dieser Weltsicht seine Ästhetik. Und die besagt: Kunst entsteht, indem man die Realität verläßt; sie muß einer Vorstellung, einer Idee weichen. Nur dann entzündet sich Poesie. Er erzählt – programmatisch – die Geschichte eines jungen Mannes, in Liebe entbrannt. Sehr bald erkennt er seine Erregung als Mißverständnis, die Angebetete wird schon zur Last. Kierkegaard gibt eine genaue moralische und ästhetische Nutzanwendung dieser Erfahrung:

«Und doch war sie die Geliebte, die einzige, die er geliebt habe, die einzige, die er jemals lieben werde. Auf der anderen Seite liebte er sie doch nicht, denn er sehnte sich nur nach ihr. Mit ihm selbst ging während alledem eine merkwürdige Veränderung vor. Eine dichterische Produktivität erwachte in ihm in einem Maße, wie ich es nie für möglich gehalten hätte. Nun begriff ich alles. Das junge Mädchen war nicht seine Geliebte, sondern nur der Anlaß, der die in ihm schlummernde Poesie weckte und ihn zum Dichter machte. [...] Sie [...] hatte ihn zum Dichter gemacht, und gerade damit hatte sie ihr eignes Todesurteil unterschrieben.»

Genauer ist Kurt Tucholsky nie charakterisiert worden. Er hat das verstanden. Seine Kierkegaard-Lektüre waren nicht Lesefrüchte eines letternsüchtigen Literaten. Es waren Versuchsanordnungen. Die Kierkegaard-Lektüre fällt ja in einen Zusammenhang – der erhellt wird durch einen Aufschrei: «Wenn man nicht ein hinreißender Demagoge ist, et encore –: dann muß, muß, muß hier eine *Doktrin* sitzen, eine unanfechtbar ‹richtige› Doktrin, auf der man bauen kann.» Tucholsky steht in dieser Endphase seines Lebens in der Dunkelkammer; er hat das Negativ in der Hand, er weiß sogar, wie das Positiv aussehen müßte. Aber er kann es nicht belichten, kann es weder machen noch sein. Das Licht war verflackert; Lumière heißt Aufklärung auf französisch – sie war verfinstert.

Mit erschütternder Nüchternheit, man möchte es beinahe Gelassenheit nennen, schreibt er das im Monat seines Todes der Frau auf, an die übrigens keine Abschiedszeile erhalten ist:

«Mit Doktrin meine ich so:

Natürlich keine Gebrauchsanweisung, in der man nachsieht, was man nun tun muß. Sondern: im Anfang ist das Gefühl. Hinter Marx, Péguy und allen andern stehen zunächst das Sentiment und das Ressentiment. Mit dem allein ist aber so gut wie nichts anzufangen. Schmiedet man daraus (aus dem, was Péguy le ‹mystique› nennt) eine Lehre – dann geht – aber das hat der liebe Gott so eingerichtet – das Beste verloren, und bestenfalls beginnt dann zum Ausgleich die Wirkung. Und nach einer Weile fängt das wieder von vorn an. Aber ganz ohne Lehre ist überhaupt nichts zu machen, es bleibt dann die Haltung des einzelnen sozusagen zu Gott, und das ist dann eine religiöse Frage, die einer ganz andern Beurteilung unterliegt. Der Fall Christus ist beinah einzig – Buddha, vielleicht noch Mohammed, nein, der nicht, denn ich glaube nicht, ... also das weiß ich nicht. Für uns andere aber bedarf es eines Wegweisers, damit die Masse ergriffen werden kann. Sonst gibt es kleine, niedliche Einzelaktionen, die nichts ausrichten. Meine ich.

Zum

100. Mal

sei es gesagt: Wenn ich so loslege, so begreift das nie, niemals Vorwürfe gegen irgendeinen ein. Wenn überhaupt: dann gegen mich, denn ich erfülle ja keine dieser Forderungen, was mich schmerzt. Niemals aber heißt es auch nur in der Hinterhand: Ihr seid eben alle faule Köppe. Ich bin auch nicht verbittert. Nur, genau wie Du, gelangweilt, angeekelt – und über den großen Knacks meines Lebens komme ich nicht weg: daß ich mich in der menschlichen Natur so schwer getäuscht habe: ich hatte von Deutschland nie etwas andres erwartet, wohl aber von den andern. Und von denen auch wieder keinen Krieg, sondern eine klare und gesunde Abkehr von diesem Misthaufen, und vor allem: von den Pulverfässern, die darunter liegen. Darin habe ich mich getäuscht, und nun mag ich nicht mehr.»

Tucholsky hat nicht den Gedanken der Aufklärung verabschiedet; er will die Aufklärung aufklären. Aber er weiß nicht, wie und womit. Daher die endlose Wiederholung in diesen Briefen der letzten Jahre – «Und da es auf der Welt, seit Buddha, nur *eine* Kunstform und nur *eine* Form der Überzeugung gibt: nämlich die der Wiederholung [...]» – und daher das bedrückende Eingeständnis der eigenen Schwäche. Er ist so redlich wie ratlos.

Zumal er Schwäche verachtet. Das ist ziemlich beunruhigend – fraglos ist Tucholsky in seinen letzten Lebensjahren auch fasziniert von der Kraft des Bösen: «Wer nicht leben kann, wer nicht um sich beißt, der soll untergehen. Das ist das Gesetz der Natur.» Er ist verzweifelt über die Koofmich-List und die Händler-Kotaus der westlichen Demokratien («Ich bin überzeugt, daß die Kaufleute helfen, Deutschland zu bewaffnen, dann haben sie den Krieg, und im Kriege werden Verbandspäckchen verkauft»); er sieht ihre händereibenden Kompromisse und pfötchengebenden Bereitstellungen als das wahre Verhängnis. Wenn er sagt: «So leid es mir tut: die andern sind moderner, jünger, frischer, vorurteilsloser und kräftiger» – täuscht es, wenn man einen Ton des Respekts, wohl nicht der Bewunderung, zu vernehmen meint? Kommt daher die Unterschätzung Hitlers bei diesem Klarsichtigen? Es ist gewiß kein Zufall, daß er Hitler «dieses Weib», eine «weibische Natur» nennt; er brachte es ja nicht nur fertig, seiner Schweizer Freundin ihre Beziehung als «diese nette Angelegenheit» zu definieren, sondern ihr auch in einem Brief voller Zustimmung ein Zitat von Gustav Johannes Wied aufzuschreiben, das er gefunden hatte: «Tiere und Kinder sind glücklich und Frauen – wir Menschen sind es nicht.» Er prägt in seinen Q-Tagebüchern – die er ja Hedwig Müller zuschickt – Dicta, von denen er weiß, daß er mit ihnen eine Mauer hochzieht: «[...] daß Mann und Frau immer und immer eine Art Gegnerschaft bilden; daß sie sich nie, nie ganz und gar verstehen können; daß immer noch ein Rest bleibt; daß Liebe sich abnutzt, und zwar bei der Frau in einem andern Tempo als beim Mann.»

Tucholskys Welt ist eine Männerwelt. Deshalb wehrt er in den letzten Monaten seines Lebens einen Besuch Nuunas, beziehungsweise die Einladung von ihr, nach Zürich zu kommen, verquält ab, während er Walter Hasenclever, für seine Verhältnisse ungestüm, darum bittet, zu kommen: «[...]ich habe eine Aussprache *sehr* nötig[...] Ich freue mich ganz tief aus dem Bauch heraus, wenn Sie kämen.» Als «Kamerad» gilt sogar Carl von Ossietzky, die Freude über den möglichen Nobelpreis – «Mensch, wenn sie es doch täten –! Gar nicht auszudenken. Als politische Wirkung übrigens auch gut. [...] Aber als Pflaster, als Wiedergutmachung, als ausgleichende Gerechtigkeit ist es ganz herrlich. Weiß Gott, *das* wäre verdient», schreibt er an Hedwig Müller – war ganz echt.

Das alles sind Taktsignale in Tucholskys erotischem Wahrnehmungssystem, das hochdifferenziert unterscheidet zwischen Gefährtin, Kamerad, Geliebte, Genosse, Freundin, Freund. Dieses Raster hatte keinen Raum, um eine Kreatur wie Hitler auch nur wahrzunehmen.

Frauenverehrung und Frauenverachtung liegen ja sehr nahe beieinander; vom Akzeptieren des anderen sind beide gleich weit entfernt. Vielleicht auch vom Verstehen? Tucholsky, der schon mit 23 Jahren dem Strindberg-Satz «Wenn wir nur nicht mit ihnen schlafen müßten» applaudiert und mit 45 Jahren wie ein Flaneur notiert, «Die Frau allein. Das ist wie die Ware im Schaufenster»: der schwankt auf erschreckende Weise zwischen falsch und unrichtig in der Beurteilung Hitlers. Mal ist ein Ton der Bewunderung im Sinne dieses «jünger, moderner, kräftiger» zu spüren, als ginge es um einen kecken Berliner Schusterjungen; beziehungsweise dessen Schwester. Der man sogar kleine antisemitische Frechheiten gestattet: «Hitler hat mal geschrieben, und das ist einer der wenigen Sätze, die ich aus seinem Buche kenne: ‹Ein jüdischer Zeitungsartikel zischt lange nicht so wie eine Zehnzentimetergranate. Also laß ihn zischen.› Recht hat er, tausendmal recht.» Mal riecht er auch nur «nach Mann» (ist also zu nah).

Dem politischen Analytiker Tucholsky, der die ganze Bewegung so deutlich wahrnahm – «Die These Heinrich Manns und auch Tollers ist falsch. Hitler *ist* Deutschland. [...] Das, was dort geschieht, entspricht zum Teil den tiefsten Instinkten des deutschen Volkes. Hitler hat recht, wenn er sagt: Die Opposition bei der letzten Abstimmung weiß nur, was sie nicht will, aber sie weiß nicht, was sie will» –, diesem Analytiker blieben die Konturen des Verbrechers ganz undeutlich, als habe er jemandem mit offenem Hosenlatz ein Bordell verlassen sehen; Tucholsky urteilt ästhetisch degoutiert statt politisch: «Vorgestern haben wir hier einen Radio installiert und Adof gehört. Lieber Max, das war sehr merkwürdig. Also erst Göring, ein böses, altes blutrünstiges Weib, das kreischte und die Leute richtig zum Mord aufstachelte. Sehr erschreckend und ekelhaft. Dann Göbbeles mit den loichtenden Augen, der zum Vollik sprach, dann Heil und Gebrüll, Kommandos und Musik, riesige Pause, der Führer hat das Wort. Immerhin, da sollte nun also der sprechen, welcher... ich ging ein paar Meter vom Apparat weg und ich gestehe, ich hörte mit dem ganzen Körper hin. Und dann geschah etwas sehr Merkwürdiges.

Dann war nämlich gar nichts. Die Stimme ist nicht gar so unsympathisch wie man denken sollte – sie riecht nur etwas nach Hosenboden, nach Mann, unappetitlich, aber sonst gehts. Manchmal überbrüllt er sich, dann kotzt er. Aber sonst: nichts, nichts, nichts. Keine Spannung, keine Höhepunkte, er packt mich nicht, ich bin doch schließlich viel zu sehr Artist, um nicht noch selbst in solchem Burschen das Künstlerische zu bewundern, wenn es da wäre. Nichts. Kein Humor, keine Wärme, kein Feuer, nichts. Er sagt auch nichts als die dümmsten Banalitäten, Konklusionen, die gar keine sind – nichts.»

Ein andermal wiederum übt Tucholsky – in einem Brief an Ossietzky – eine Enthaltsamkeit, die bei ihm sonst ganz ungewohnt ist: «... ich mag nicht gegen Hitler das gröbste Geschütz auffahren, dann wird er gewählt, ich bin nicht da... aber Sie sind da.» Dazu muß man wissen, daß «L'Ordre Nouveau» im November 1933 – als handle es sich um einen aufgeklärten Fürsten des 18. Jahrhunderts – einen «Lettre à Hitler» publizierte, in dem ihm bescheinigt wird, «Ihr Werk zeigt Mut, es hat Größe». Allen Ernstes wird Hitler als Demokrat angesprochen – «Sie sind ein Demokrat, Monsieur Hitler, der letzte der Demokraten» – und seine «Revolution» gepriesen; die eigene Kritik wird als eine, «die Respekt voraussetzt», relativiert. Hatte die eine Sekte die andere erkannt, hatte «L'Ordre Nouveau» die neue Ordnung verstanden?

Kurt Tucholsky hat Hitler nicht verstanden. Er konnte die kleinen Leute «zur Sprache bringen», ihre Schwäche sogar in seinem Schreiben in Güte ummünzen und aus ihrer Inkohärenz Witz machen, die «verbrühte» Milch des Hinterhofs, das verwühlte Bett der Mietskaserne, auch die Wannseevilla des Herrn Generaldirektors zu Wort und Klang werden lassen. Er war das alles gewesen: der Kellner, der sich freut, wenn man fragt, «Hatten Sie gestern Urlaub?», und die Verkäuferin, die als «Ehemalige» die alten Kolleginnen besucht; der Kommis, die Sekretärin und der sehnsüchtig-achselzuckend im Großstadtstrom Vorübertreibende:

Wenn du zur Arbeit gehst
am frühen Morgen,
wenn du am Bahnhof stehst
mit deinen Sorgen:
  da zeigt die Stadt
  dir asphaltglatt
  im Menschentrichter
  Millionen Gesichter:
Zwei fremde Augen, ein kurzer Blick,
die Braue, Pupillen, die Lider –
Was war das? Vielleicht dein Lebensglück...
vorbei, verweht, nie wieder.

Du gehst dein Leben lang
auf tausend Straßen;
du siehst auf deinem Gang,
die dich vergaßen.
  Ein Auge winkt,
  die Seele klingt;
  du hasts gefunden,
  nur für Sekunden...
Zwei fremde Augen, ein kurzer Blick,
die Braue, Pupillen, die Lider;
Was war das? kein Mensch dreht die Zeit zurück...
Vorbei, verweht, nie wieder.

Er war «Der Mann mit der Mappe» und «Der Pfau», er kannte die «Chef-Erotik» und den «Bangen Moment bei reichen Leuten», und er betonte mit Siegfried Kracauer: «Wer sich zu tief mit der Zeit einläßt, altert geschwind.» Nun war er gealtert – und ließ sich auf den nicht ein, der die neue Zeit diktierte. Die Magie des großen Verbrechers erreichte ihn nicht. Er war ein toter Resonanzboden. Und das ist nicht ein schriftstellerisches Problem. Zwar wußte er auch da genau über sich Bescheid: «Ich erkenne immer mehr, was der Zeitgeschmack ist, und den drücke ich nicht mehr aus.» Doch der Abtötungsprozeß war existentiell; genauer gesagt: einer, der die Existenz vollständig zerstörte. In Tucholsky wuchs der Tod; in seinem Körper und in seiner Seele. Der Spagat des Tausendfüßlers zerriß ihn.

Er gehörte nirgendwo mehr hin. Deutschland war in der blutigen Hand derer, die er jahrelang konterfeit hatte. Frankreich machte eine ihn mehr und mehr ekelnde Appeasementpolitik; er hatte das Land geliebt, sein Gedächtnis verlängerte dieses Glück wie das Abendlicht die Schatten: Tatsächlich hatte er ja nicht einmal zwei Jahre – 1924 bis 1926 – kontinuierlich dort gelebt, aber er sprach von ihm als dem Land, dem er seine glücklichsten Jahre zu verdanken habe, und träumte sich in die Idee zurück, was wohl aus ihm geworden wäre als französischer Schriftsteller; Schweden war ein mehr und mehr unliebsamer Wohnort, mehr nicht – zumal sein Versuch der Einbürgerung von einer sturen und kommunistenschnuppernden Bürokratie verkompliziert, schließlich gar zu seiner Erbitterung abgelehnt wurde; die

Schweiz – die er oft bereiste und wo Nuuna sogar mit Heiratsplänen und dem Angebot, ihm eine Buchhandlung einzurichten, eine Existenz bot – mochte er nicht: Ein Hotelvolk nannte er die Eidgenossen; England war ihm ohnehin stets fremd geblieben – eher gleichmütig prophezeite er das Ende eines Empires: «Das sieht man an England, von dem ich das Gefühl habe, daß es eines Tages aufhören wird, eine große Macht zu sein»; und die letzte Möglichkeit eines inneren Zugehörigkeitsgefühls verweigerte er mit einer Rigorosität, die eine Darstellung noch heute heikel macht: Tucholsky verurteilte die Haltung der deutschen Juden so scharf, daß manche seiner Zornesausbrüche von einem abgefallenen Jahwe zu stammen scheinen. Peinigenderweise hat sich bis zur Stunde kein einziger deutschsprachiger jüdischer Schriftsteller oder Denker bereitgefunden, dieses für Tucholsky am Ende seines Lebens so zentrale Thema auch nur zu berühren. Die einzige Reaktion bislang ist quasi eine Polizeiaktion: Sein Werk wurde 45 Jahre lang nicht in Israel verlegt.

Berührt werden aber muß es. Tucholskys These lautet, in drei Worte zusammengefaßt: Ghetto ist Schicksal. Er meint, daß sich die Juden – die Jahrhunderte hindurch – feige angepaßt, den Fußtritt als das ihnen Gemäße vorausgesetzt, sich geduckt, sich hindurchschlawinert haben. Mit derselben Mischung aus List und Lüge vergäßen sie jetzt, im beginnenden Faschismus, ihren Stolz – um ihre Habe zu retten:

«Ein Jude, der nun noch in Deutschland lebt, wo er völlig wie ein Zuchthäusler gehalten wird, das heißt wie ein Mensch, der die bürgerlichen Ehrenrechte verloren hat, der ist ein ehrloser Mensch. Er mag diese Ehrenrechte nicht hoch schätzen, das ist eine andere Sache. Aber sie empfinden die Kränkung nicht einmal. Also gebührt ihnen diese Behandlung. Es ist ein Sklavenvolk.»

Miese Leisetreterei, mit der selbst jüdische Unternehmen sich anzupassen, wenn nicht anzubiedern suchten, hat viele Zeitgenossen erbittert; Klaus Mann notiert in seinen Tagebüchern: «Markuse erzählte E gestern, daß die ‹Vossische› seine Filmkritiken ohne Unterschrift bringt, weil möglichst wenig jüdische Namen bei Ullstein erwünscht sind; so weit wären wir.» Tucholsky zitiert voller Abscheu und Wut eine Reportage aus dem «Manchester Guardian», März 1935, dessen Berichterstatter «durch Hessen gereist ist, und zwar durch die kleinen Städte. ‹Die Juden gehen dort umher, beschimpft und boykottiert›, so hieß es dort ungefähr, ‹aber sie klagen nicht, stumm leiden sie ...›

Dreimal verflucht diese Stummheit –!

Sie ist keine Würde, keine christliche Hingabe an das Leid, nichts als gemeine Stumpfheit, Niedrigkeit, Sklaven sind es, die diese Behandlung im tiefsten akzeptieren. [...] Die Deutschen [...] sind so amorph, daß sie fremder Form bedürfen, um sich ihre daran negativ zu prägen. Und die Juden gehören dazu, weil sie nicht von dieser Liebe lassen können, die doch mehr Faulheit ist, Bequemlichkeit, Sklaventum, Würdelosigkeit – mehr: völliger Mangel an

Würde. [...] ‹Man muß doch leben.› Mögen sie krepieren.»

Dieser Aufschrei hallt durch sämtliche Briefe und die Q-Tagebücher der letzten Lebensjahre: Wo ist der Rabbiner, der sein Volk herausführt; wo ist der jüdische Führer, der ruft «Wir fordern jeden anständigen Juden auf, auszuwandern»: «Sie sagen es nicht, weil sie an ihren Drecksgeschäften hängen, weil ihnen die paar Fotölchs eben doch lieber sind. Wie man das seinen Kindern antun kann... [...] wenn man sie in das ihnen angemessene Ghetto stößt, dann sagen sie nichts, sie akzeptieren es, es paßt zu ihnen! – Das ist richtig. Man muß sich schämen, Jude zu sein.»

Das Mißverständnis vom jüdischen Antisemiten bietet sich an; vor ihm muß gewarnt werden. Vielmehr haben wir es mit einer tief existentiellen Krise zu tun, erinnernd etwa an Oskar Goldberg und seine krassen Kritiken des Judentums – «entweder die Juden tun ihre Pflicht oder sie werden ausgelöscht» –, die allerdings auch ihm den Schimpfnamen «jüdischer Faschist» eintrugen; übrigens ausgerechnet von Thomas Mann, der ihn als Chaim Breisacher im «Doktor Faustus» verewigt und sein Buch «Die Wirklichkeit der Hebräer» als Quelle für die Joseph-Romane benutzt hat.

Es ist Tucholskys letzter Kampf. Er führt ihn gegen sich. Mit der ätzenden Schärfe des Alten Testaments: ein jüdischer Rachegott, der Pech und Schwefel ausgießt über das eigene Volk. Er verbrennt. Vom Feuer bleibt nur mehr der Rauch.

Mit der Irr-Stimme des Kindes im Walde, das die eigene Angst wegsingt, wiederholt er aber- und abermals, daß *ihn* das alles nichts angehe, nicht beträfe, beschwört sich selber: «Ich werde mit dem Leben nicht fertig, aber das hat damit nichts zu tun» – und weiß dennoch ganz genau, daß er die Axt an die eigene Wurzel legt. Anders wäre nicht zu erklären, daß einer der beiden großen Abschiedsbriefe, die er schreibt, bevor er das Gift nimmt, das er lange bei sich trug, *diesem* Thema gilt; es ist jener Brief an Arnold Zweig vom 15. Dezember 1935, den die Exil-«Weltbühne» dann druckt – und der in langen Passagen höhnisch kommentiert in der Nazipresse veröffentlicht wird. Arnold Zweig weist in seiner bereits erwähnten Antwort – «Lieber Kurt Tucholsky, wie sonderbar, daß Sie nun tot sind» – auf jenen Zusammenhang hin, der für Tucholskys Beziehung zu Mary Tucholsky wie zu Siegfried Jacobsohn angedeutet wurde: «Denn Sie hatten von den deutschen Juden leidenschaftliche Würde und einen Exodus ohnegleichen verlangt. Würde verlangt man nur von seinem Vater, verletzten Stolz gesteht man am ehesten seiner Mutter zu.»

Es ist aus. Das Lachen war vereist, zur Lache gefroren. Kurt Tucholsky hat sich Stück für Stück von allem gelöst, was einen Schriftsteller ausmacht, in selbstzerstörerischer Integrität Tabula rasa gemacht – Überzeugungen verworfen, Verwurzelungen ausgerissen, Bindungen zerschnitten und schließlich das letzte Tau gekappt: die Sprache.

Da liegt wohl «das Eigentliche» eines Schriftstellers. Viele Beispiele zeigen: Ehen, Pässe, Religionen, politische Bekenntnisse können gewechselt werden – die Sprache ist das inner sanctum. Tucholsky hat in seinen letzten Lebensjahren nicht nur in einer Art heroischem Ein-Mann-Boykott keinerlei deutsche Waren mehr gekauft – von der Zahnpasta bis zum Rasierapparat –, sondern er hat auch versucht, nicht mehr ein deutschsprachiger Schriftsteller zu sein. Schwedisch hat er – manchmal viele Stunden pro Tag – gebüffelt wegen der Einbürgerungsformalitäten. Aber die französische Sprache hat er wie eine Frau zu erobern versucht, Grammatiken belagert, mit Zeitungen geflirtet, Bücher ins Bett geschleppt – sein Ohr, seinen Mund, sein Hirn und sein Herz daran gegeben; und hat doch gewußt «– ich werde nie in einer andern Sprache schreiben können, und die Versuche, die jetzt in Paris gemacht werden, sind tapfer, aber belanglos. Von Ausnahmen abgesehn (Chamisso, Conrad, Green) geht das ja nicht. Also ich werde mich nie als alten Franzosen gerieren. Aber als Deutschen...»

Nicht mehr und noch nicht. Der französische Schriftsteller Edmond Jabès hat zu Sprachwechsel und Verstummen des Dichters Paul Celan eine Überlegung angestellt, die man mit nur geringfügigem Wagnis auch auf Tucholsky übertragen kann:

«Hinter der Sprache von Paul Celan kann man den Widerhall einer anderen Sprache vernehmen.

Gleich uns Menschen – an der Grenze zwischen Licht und Schatten entlanggehend, um sie zu einer bestimmten Stunde des Tages zu überschreiten – bewegt und behauptet sich das Wort Celans an den Rändern zweier Sprachen von gleicher Statur: an der Sprache des Verzichts und an der Sprache der Hoffnung.

Sprache der Armut und Sprache der Fülle. Auf der einen Seite das Licht, auf der anderen die Finsternis. Wer aber könnte da unterscheiden, bei dem Ausmaß ihres wechselseitigen Durchdrungenseins?

Herrlicher Morgen oder trauriger Abend? Kein Morgen, kein Abend. Vielmehr – unaussprechlicher Schmerz – das weite, öde, nebelverhangene Feld des beinahe Unsagbaren, außerhalb und innerhalb der Zeit. Kein Tag, keine Nacht. Vielmehr, im Gleichklang beider Stimmen, der unbegrenzte Raum, leer vom Zurückweichen der enteigneten Sprache, im Schoß der wiedergefundenen Sprache.

Als lasse sich das eine Wort nur auf den Trümmern des anderen errichten – in dessen Anwesenheit und Abwesenheit zugleich.

Staub. Staub.

Das Schweigen erlaubt ein Abhorchen des Wortes. Jeder Schriftsteller weiß das. Das Schweigen kann aber derart wachsen, daß die Worte nichts als dieses selbst ausdrücken.

Hat das Schweigen, das die Sprache zu erschüttern vermag, seine eigene Sprache, eine Sprache ohne Ursprung und Namen?»

Tucholsky hatte seine Homunculi ausgesandt in die Welt; sie sollten künden in vielen Zungen – von kleinen Listen und großer Lust, von Ordensrasseln und dem Scheppern der Waage Justitias, vom Heute und vom Nachher. Sie hatten gepfiffen und gejohlt, geschimpft und gewispert und geworben. Nun waren sie fortgelaufen, von ihm selber verjagt in alle Windrichtungen. Und sie hatten ihm dabei die Haut von der Zunge in Fetzen gerissen.

Schweigen ist für einen Schriftsteller Sterben. Am Anfang wachsen die modrigen Pilze im Munde, von denen Hugo von Hofmannsthal erzählte. Dann beginnt jene Umklammerung des Wortes mit dem Tod, die Michel Foucault beschrieb: «[...]es ist die Verwandtschaft des Schreibens mit dem Tod. Diese Verbindung kehrt ein jahrtausendealtes Thema um; die Erzählung oder das Epos der Griechen war dazu bestimmt, die Unsterblichkeit des Helden zu verewigen, und wenn der Held zustimmte, jung zu sterben, so geschah dies, damit sein geweihtes und durch den Tod erhöhtes Leben in die Unsterblichkeit eingehen konnte; die Erzählung löste den hingenommenen Tod ein. In anderer Weise hatte auch die arabische Erzählung – ich denke an ‹Tausendundeine Nacht› – das Nichtsterben zur Motivation, zum Thema und zum Vorwand: man sprach, man erzählte bis zum Morgengrauen, um dem Tod auszuweichen, um die Frist hinauszuschieben, die dem Erzähler den Mund schließen sollte. Die Erzählungen Scheherazades sind die verbissene Kehrseite des Mords, sie sind die nächtelange Bemühung, den Tod aus dem Bezirk des Lebens fernzuhalten. Dieses Thema: Erzählen und Schreiben, um den Tod abzuwenden, hat in unserer Kultur eine Metamorphose erfahren; das Schreiben ist heute an das Opfer gebunden, selbst an das Opfer des Lebens; an das freiwillige Auslöschen, [...] die Beziehung des Schreibens zum Tod äußert sich auch in der Verwischung der individuellen Züge des schreibenden Subjekts. Mit Hilfe all der Hindernisse, die das schreibende Subjekt zwischen sich und dem errichtet, was es schreibt, lenkt es alle Zeichen von seiner eigenen Individualität ab; das Kennzeichen des Schriftstellers ist nur noch die Einmaligkeit seiner Abwesenheit; er muß die Rolle des Toten im Schreib-Spiel übernehmen.»

Auch das war gemeint mit der berühmten Treppe, die Tucholsky am Ende seines Sudelbuches eingetragen hat:

Schweigen
Schreiben
Sprechen

Auch. Doch nicht nur. Es gibt einen einfacher zu diagnostizierenden Grund dafür, daß dieser Mann von erst Mitte Vierzig keine «raison d'être» mehr sah: Kurt Tucholsky war seit langem schwer krank. Es ist herzzerreißend, diese qualvollen Krankenberichte zu lesen, ob nun ein trockenes «Ich lebe doch zur Zeit gar nicht, schon drei Jahre nicht», ein konstatierendes «Geruch und Geschmack sind radikal, aber radikal weg» oder eine Klage «Mir wird mein Leben gestohlen von irgend etwas, das auf mir liegt wie eine graue Decke». Tucholsky litt seit vielen Jahren an einer seinerzeit kaum erforschten Erkrankung der Siebbeinhöhlen und des Keilbeins, deren Symptome – Kopfweh, Schlaflosigkeit, Geruchs- und Geschmacksschwund, Übelkeit, Benommenheit – gerne als Hypochondrie abgetan wurden und deren genauen medizinischen Verlauf man nicht kannte. Er wanderte von einem Arzt zum anderen – mal wurden Wucherungen am Keilbein geschnitten, mal Tampons zwischen die Nasentrennwände geschoben, mal Knorpel geknackt – auf dem Tiefpunkt fünf Operationen in wenigen Wochen; acht insgesamt. Dazwischen Schwefelkuren, Algenpackungen:

«Seit vierzehn Jahren sporadisch und seit vier Jahren ununterbrochen habe ich gesagt: ‹In meiner Nase ist etwas. Und zwar beeinflußt das den ganzen Organismus. Nehmt das weg – dann wird es mir besser gehen.› – Man hat mir geantwortet: ‹Sie haben eine etwas zu enge Nase. Aber weiter nichts.› Ich habe gesagt: ‹Da ist etwas. Ich kann nicht durch – die Luft dringt nicht hin, wohin sie dringen sollte. Etwas, was arbeiten sollte, ist tot; etwas, was nicht zusammen ist, ist zusammen.› Und hier hätte ich hinzugefügt, wenn ich es nicht mit einem Mehlwurm zu tun gehabt hätte: Ich fühle mich Materie werden – da wächst der Tod. Ich habe mich aber gehütet, das zu sagen. Man hat die ganze Zeit geantwortet: ‹Selbst wenn man Ihnen die Nase aufmacht – das wird nicht viel ausmachen. Einen Zusammenhang mit dem Organismus kann das nicht haben – das gibts nicht.› – Ich habe gesagt: ‹Doch. Ist das da oben auf, dann fängt ‹es› wieder an zu denken.› Ich sehe noch heute das verwunderte Gesicht Klingenbergs vor mir – es blieb in der Unterhaltung stehen wie eine Uhr. ‹Wie wollen Sie ... Das gibts nicht.› Ich habe gesagt: ‹Was das ist, weiß ich nicht. Aber es ist so. Der Zusammenhang ist direkt. Das, was mich so bedrückt, ist *mechanisch.*› Man hat geantwortet: ‹Das ist eine wahnwitzige Laienvorstellung. Schon daraus, daß Sie Krisenzustände haben, können Sie sehen, daß es nichts Organisches ist, sonst müßte das immer wirken. Das gibts nicht.› – Ich habe gesagt: ‹Doch. Nehmen Sie das heraus – und ich werde gesund.› – Man hat gesagt: ‹Wie denken Sie sich das? Glauben Sie, Ihr Sympathicus hat einen Knoten? Oder sollen wir Ihnen vielleicht eine Röhre da hineinbauen? Alles das ist Unfug und dummes Zeug, Sie sind ein Vasomotoriker; umgekehrt ist es, wie Sie sagen: die Gefäße sind nicht in Ordnung, und nun verspüren Sie das zufällig in der Nase – Sie könnten es auch anderswo spüren. Locus minoris resistentiae, lieber Freund. Aber was Sie da erzählen: daß die Beschwerden ihren *Ursprung* und ihren zu behebenden Punkt in der Nase haben –:

Das gibt es nicht. Das gibt es nicht. Das gibt es nicht.›»

Die Farce wollte es, daß Tucholsky dem Bruch des eigenen Boykottschwurs gegenüber allem Deutschen eine kurzfristige Heilung zu verdanken hatte – ein deutscher Arzt hatte erstmals in einer Berliner Fachzeitschrift eine gründliche Untersuchung dieser «Menièreschen Krankheit» veröffentlicht; diese Studie brachte Tucholsky seinem Arzt, das führte zu weiteren Operationen – die dritte hat er so genau geschildert, weil sie einen kurzen Augenblick hoffen ließ:

«Stäbchen in die Nase, nun, dachte ich, kommen die großen Spritzen. Die kamen aber nicht; er fing an.

O weh – dachte ich in meiner stillen Art – was kann man schon Großes operieren, wenn man nicht spritzt. Er wird wieder nichts Rechtes machen. Und er legte los, es knackte, und plötzlich geschah etwas ganz Merkwürdiges. *Das Leben hatte plötzlich einen Sinn.* Dies klingt nun wie aus dem Elaborat eines Verrückten; ich schreibe es aber doch. Es kam auf einmal Luft nach oben, wo nie Luft gewesen war, ich sah in eine Ecke, und alles war anders – aber gut anders. [...] Und während er mir nun richtig weh tat, denn in der Tiefe kann man ja doch nicht betäuben, hätte ich heulen mögen – aber vor Glück. Er hat mir dann, was ich nicht wußte, die Keilbeinhöhle aufgemacht – das war mir alles ganz egal. Während der Operation sagte er nur: ‹Ich habe Verwachsungen gefunden, die waren knochenhart – jetzt ist das fort› und nachher sagte er, er hätte sehr vorsichtig operieren müssen, weil es sonst eine Meningitis gäbe. [...]

Das Glücksgefühl hielt genau 22 Stunden an. Dann war es aus. Ich dachte erst, es sei der Tampon, der mich bedrückte, aber es war keiner mehr drin, er war herausgefallen. Oder hat er ihn herausgenommen, das habe ich vergessen. Jedenfalls: das alte Elend. Und ich *weiß*, daß das keine Euphorie gewesen ist, ich kenne das, ich weiß, was ein Kaffeerausch ist – es war nichts dergleichen. Es war eine vollendete Ruhe, Klarheit, ich wußte: ich liege hier in der Klinik (die Operation war ambulant gemacht worden) – es geht mir nicht gut, aber ich werde mir das schon alles befummeln. Und dann also war alles aus. [...]

Es ist nicht wahr, daß sich das Ganze aus der Nervosität erklärt. Es ist nicht wahr, daß nur, weil ich ein labiler Mensch bin, die Nase mich so kaputtgemacht hat. Es ist nicht wahr. Ich weiß, so, wie nur ein Körper etwas weiß (nicht das Gehirn, das konstruiert nur), ich weiß: gelingt es dem, die beiden Seiten auseinanderzuhalten, dann fange ich morgen an zu arbeiten.»

Wehleidig klingt das nicht. Vielmehr diagnostiziert mit geradezu klinischer Kühle, warum an «morgen arbeiten» nicht zu denken ist: «Daß übrigens mit guten Vorsätzen in diesem Zustande nichts zu machen ist, steht auch bei Schopenhauer – er beschreibt den Moment jeder Inspiration großartig, sagt, wie stark das vom Physischen abhänge und bemerkt: ‹Der Wille vermag dazu nichts›, nämlich dazu, daß die Gegenstände zu sprechen anfangen. Für mich sind sie tot, ich aber auch.» Mit derselben akribischen Ironie, mit der Tucholsky das Gemauschel der Kaufleute und das Geplapper der Huren, den Klatsch der Tennis-Beaus, das Genäsel der Herren Offiziere und die Schnoddrigkeiten der kessen kleinen Berlinerinnen, alle Noten des ganzen großen Foxtrotts zum Abgrund hin notierte, schraffiert er das Bild seiner Auflösung; er weiß, «Ich sage zu allem nur Nein, weil ich krank bin» – «Alles, was ich hier schreibe, muß man mit dem Müdigkeits- und Krankheits-Koeffizienten multiplizieren», und er raucht sich lauter kleine Rettungsringe in die Luft, von denen er genauso weiß, sie sind blauer Dunst. Geradezu rührend diese Schräglichter in die Schwärze – mal hier der Gedanke zu einem Lied, mal dort die Erwägung, einen französischen Artikel zu schreiben. Aber über allem die Gewißheit, «ich werde nie mehr, wie ich gewesen bin» – «Daß ich mein Leben zerhauen habe, weiß ich».

Zerhauen. Ein großer Wurf – und viele kleine Stücke. Er hat Wahrheiten gesagt – und viele kleine Lügen gelebt; nicht einmal dem (selbstformulierten) Bann ist er gefolgt: Niemanden mochte er akzeptieren, der «dort» überhaupt leben, es aushalten konnte in Nazideutschland. Ob Walter Hasenclevers Schwester – «... ich hatte immer so ein Gefühl ...: ‹Sie kann es also aushalten – hm –›» – bis zu Freund Karlchen – «Kallchen schreibt nicht mehr. Ist auch er hinüber?» – werden alle mißtrauisch beargwöhnt nach dem selbstauferlegten Gesetz: «[...] ich für meinen Teil also lehne jeden, aber auch jeden ohne Ausnahme radikal ab, der das bejaht, der dort mitmacht, ja, schon den, der dort leben kann.» Aber sein Werk – war es das Kind, das er mit ihr erdichtet, nicht erzeugt hatte? – vermachte er testamentarisch der Frau, die Deutschland nie verließ und von der er sich 1933 hatte scheiden lassen, *damit* sie ungefährdet «dort» lebe. Auch das noch ein Akt des unlösbaren Widerspruchs: mit ihm wollte er sein Lebenswerk erhalten – doch er wußte, daß es genau durch diese Bestimmung bis zum Ende der Hitlerzeit (das 1935 nicht absehbar war) nicht vorhanden sein konnte; kein Wort, keine Silbe, keine Zeile. Den Gedanken, es einer der beiden Vertrauten seiner letzten Jahre – der *Schweizerin* Hedwig Müller, der *Schwedin* Gertrude Meyer – zu übertragen, hat er nie erwogen. Es gehörte einem imaginären Deutschland.

Dessen Teil er war: der dicke kleine Jude aus Berlin – das er haßte und liebevoll beschrieb wie kein anderer; der Rotspon bechernde Kasinokommissar – dessen pazifistische Gedichte hell durch die Zeiten leuchten; der elegante Bonvivant – mit dem Herz für die Unterdrückten; der «externe» Dr. jur. – vor dem Weimars Justitia zitterte; der frivol seine vielen Liebschaften zu klingender Chansonmünze Schlagende – dessen Lebensgesetz wir in jener nistenden Melancholie zu erkennen haben, die den Brief an seine Frau Mary diktierte, den Tag, an dem er das Gift nahm: «[...] der wie ewig gejagt war, der immerzu Furcht, nein, Angst gehabt hat, jene Angst, die keinen Grund hat, keinen anzugeben weiß [...] ‹O – Angst› ... nicht vor dem Ende. Das ist mir gleichgültig, wie alles, was um mich noch vorgeht, und zu dem ich keine Beziehung mehr habe. Der Grund zu kämpfen, die Brücke, das innere Glied, die raison d'être fehlt. Hat nicht verstanden.»

Er hatte sich viele Namen gegeben, mit denen er die Welt bannen wollte. Er hatte sich in ihren Schatten verlaufen. Er hatte gläserne Wände zwischen sich und die Menschen gebaut, Pseudonyme. Er war in das Glas hineingeschmolzen, ein sterbender Falter. Das Glas war zersprungen.

Quellennachweise und Namenregister

Quellennachweise

Zitiert wurde aus den nachfolgend aufgeführten Kurt-Tucholsky-Ausgaben; unveröffentlichtes Material liegt im Deutschen Literaturarchiv Marbach am Neckar.

Ausgewählte Briefe	Ausgewählte Briefe 1913–1935 Herausgegeben von Mary Gerold-Tucholsky und Fritz J. Raddatz Reinbek bei Hamburg 1962
Briefe an eine Katholikin	Briefe an eine Katholikin 1929–1931 Reinbek bei Hamburg 1969
Briefe aus dem Schweigen	Briefe aus dem Schweigen 1932–1935 Briefe an Nuuna Herausgegeben von Mary Gerold-Tucholsky und Gustav Huonker Reinbek bei Hamburg 1977
GW	Gesammelte Werke in 10 Bänden Herausgegeben von Mary Gerold-Tucholsky und Fritz J. Raddatz Reinbek bei Hamburg 1975
Ich kann nicht schreiben, ohne zu lügen	Ich kann nicht schreiben, ohne zu lügen Briefe 1913–1935 Herausgegeben von Fritz J. Raddatz Reinbek bei Hamburg 1989
Politische Briefe	Politische Briefe Zusammengestellt von Fritz J. Raddatz Reinbek bei Hamburg 1969

Q-Tagebücher	Die Q-Tagebücher 1934–1935 Herausgegeben von Mary Gerold-Tucholsky und Gustav Huonker Reinbek bei Hamburg 1978
Republik wider Willen	Republik wider Willen Gesammelte Werke Ergänzungsband II 1911–1932 Herausgegeben von Fritz J. Raddatz Reinbek bei Hamburg 1989
Unser ungelebtes Leben	Unser ungelebtes Leben Briefe an Mary Herausgegeben von Fritz J. Raddatz Reinbek bei Hamburg 1982

Die angegebenen Seitenzahlen sollen das Auffinden des nachgewiesenen Zitats im Text erleichtern.

Seite 5 bis Seite 15

Daß ich mein Leben: Q-Tagebücher, S. 353

Ihren fünf Pseudonymen: Arnold Zweig an Kurt Tucholsky (16. 1. 1936). Sammlung Kurt Tucholsky, Akademie der Künste, Berlin

Meine Telligenz reicht: Q-Tagebücher, S. 211

Das Epische habe ich nicht: Briefe aus dem Schweigen, S. 101

Der Gartenzwerg schreibt: Q-Tagebücher, S. 194, S. 195

ein ganz einheitlicher Mensch: Franz Kafka, Tagebücher 1910–1923. Fischer Taschenbuch Verlag, Frankfurt am Main, April 1976, S. 54

Schreib in ein Stammbuch: Stammbucheintragung für Fräulein Anna Katharina Salten, Dresden 1928

Austritt aus dem Judentum: Brief an Arnold Zweig vom 15. 12. 1935, Ausgewählte Briefe, S. 333 (Politische Briefe, S. 117)

Unsern lieben Frauen: Manja W. (spätere Ehefrau von Kurt Szafranski), Kitty Frankfurter, Claire Pimbusch

Dein tiefstes Lebensgefühl: GW, Bd. 8, S. 268, S. 269

Die raison d'être fehlt: Unser ungelebtes Leben, S. 546

Dieser kleine Tod: Briefe aus dem Schweigen, S. 110

Mit dieser Energie: Mary Tucholsky an Kurt Tucholsky (23. 1. 1927, unveröffentlicht)

Er ist zutiefst ein Bürger: Mary Tucholsky an Kurt Tucholsky (4. 4. 1932, unveröffentlicht)

Er ist doch sonst ein so großer Egoist: Mary Tucholsky an Kurt Tucholsky (6. 2. 1927, unveröffentlicht)

Liebste, es ging nicht mehr: Brief an Mary Tucholsky (Von Mary Tucholsky 1928 gefunden und von ihr auf 1921 oder 1922 datiert; unveröffentlicht)

Selbstmord –: Sudelbuch (unveröffentlicht)

Jungchen, mir ist es ganz schwer: Mary Tucholsky an Kurt Tucholsky (12. 12. 1923, unveröffentlicht)

Bürgerliche Wohltätigkeit: GW, Bd. 7, S. 311f

Auf ein Kind: GW, Bd. 2, S. 412

Hier ist etwas Merkwürdiges passiert: Unser ungelebtes Leben, S. 96

Kinder kriegen?: Sudelbuch (unveröffentlicht)

später generationsweise vom Blatt geliebt wurde: Rheinsberg, GW, Bd. 3, S. 97ff (hier Seite 98)

Seite 15 bis Seite 26

Glücklich sein, aber nie zufrieden: Rheinsberg – ein Bilderbuch für Verliebte, GW, Bd. 1, S. 67

Sie hockte auf ihren geretteten Scheiten Holz: Rosa Bertens, GW, Bd. 1, S. 215 f (hier S. 217f)

Aber das wird alt: Brief an Hedwig Müller (18. 1. 1935, unveröffentlicht)

sie scheint Papa unglaublich verehrt: Ellen C. Milo an Mary Tucholsky (28. 8. 1966)

Ich mag an diese Sache gar nicht mehr rühren: Unser ungelebtes Leben, S. 431 f

Der Spiegel bestätigt: Sudelbuch (unveröffentlicht)

Eine kleine Wochenschrift mag nicht: Start, GW, Bd. 5, S. 434

Der Mann am Spiegel: GW, Bd. 6, S. 16 (hier S. 16, S. 19)

Ich kenne die Brüder: Brief an Arnold Zweig vom 16. 12. 1927, Ausgewählte Briefe, S. 331 (Politische Briefe, S. 115)

Soldaten sind Mörder: Der bewachte Kriegsschauplatz, GW, Bd. 9, S. 253

Wenn er nicht eine kostenlose Reklame: Unser ungelebtes Leben, S. 267

Wenn Revolution nur Zusammenbruch bedeutet: Wir Negativen, GW, Bd. 2, S. 52 ff (hier S. 52)

Die ganz verbockte: Feldfrüchte, GW, Bd. 4, S. 507

Die Lügen Hitlers sind nicht seine: Heinrich Mann an Alfred Kantorowicz (3. 3. 1943, Archiv Ingrid Kantorowicz, Hamburg)

Wohin treiben wir?: Dämmerung, GW, Bd. 2, S. 288 (hier S. 291)

Dies soll hier nur stehen: Die Reichswehr, GW, Bd. 3, S. 134 f.

Ohne Blutvergießen war es nicht abgegangen: Was wäre, wenn ...?, GW, Bd. 3, S. 201 (hier S. 203)

Märtyrer ...?: Zwei Erschlagene, GW, Bd. 2, S. 41 f

General! General!: Rote Melodie, GW, Bd. 3, S. 253

Ich arbeite wie eine Maschine: Unser ungelebtes Leben, S. 275

Was es ist, weiß ich nicht: Dämmerung, GW, Bd. 2, S. 289, S. 290

Begeistert bin ich von meiner Arbeit bisher nicht: Unser ungelebtes Leben, S. 275

Seite 27 bis Seite 38

Ich ging mit dem Geld so um: Unser ungelebtes Leben, S. 301
Berlin ist scheußlich wie je: Unser ungelebtes Leben, S. 212
Sehr verehrter Herr Wolff!: Brief an Theodor Wolff vom 11.2.1920, Ausgewählte Briefe, S. 117
– ich bedaure heute: Brief an Maximilian Harden vom 14.4.1926, Ausgewählte Briefe, S. 136 (Politische Briefe, S. 87)
ich will, daß es anständig: Unser ungelebtes Leben, S. 275
denn der einzelne ist wohl befugt: Selber –!, Republik wider Willen, S. 210
Ich habe mal vor 6 Jahren: Brief an Gertrud Elisabeth Dunant-Müller [Anfang 1935], Ich kann nicht schreiben, ohne zu lügen, S. 177f
Man muß eben im Haus bleiben: Unser ungelebtes Leben, S. 202
Er liebte sie nicht: Q-Tagebücher, S. 307
Er bleibt, scheints, doch der Gaukler: Paganini oder Der Teufel auf der Tournee, GW, Bd. 1, S. 232ff (hier S. 236f)
Es gibt keinen Neuschnee: GW, Bd. 9, S. 174
Der Telegrammblock: GW, Bd. 4, S. 173
Wir wollen kämpfen mit Haß aus Liebe: Wir Negativen, GW, Bd. 2, S. 52ff (hier S. 57)
Ich platze vor Stolz: Briefe aus dem Schweigen, S. 40
politisch unmusikalischen Menschen: Q-Tagebücher, S. 140
Keine, die wie du die Flöte bliese: Wenn die Igel in der Abendstunde, GW, Bd. 6, S. 223f
Ich habe heute meinen weichen: Brief an Hedwig Müller vom 20.1.1935 (unveröffentlicht)
und wer nicht nimmt: Brief an Hedwig Müller vom 23.3.1935 (unveröffentlicht)
Äußerlich ruhig: «Blaues Tagebuch», 2.8.1920
Außerdem fühle ich: Lisa Matthias an Kurt Tucholsky (23.4.1931, unveröffentlicht)
Jeder geht seinem kleinen Schicksal zu: Aus!, GW, Bd. 8, S. 35
ganz Tatsache: Gegen den Strom, GW, Bd. 4, S. 405ff (hier S. 406)
Du darfst mich nicht überschätzen: Briefe aus dem Schweigen, S. 132
Auf Ihre Anfrage betreffend: Brief vom 26. März 1925
Wie ich Ihnen erklärte: Brief vom 6. April 1922

Seite 39 bis Seite 53

Hast du Angst, Erich?: Ludendorff oder Der Verfolgungswahn, GW, Bd. 6, S. 296f

Morus hat gesagt: Unser ungelebtes Leben, S. 467

Anliegend Antwortenstoff: Notiz ohne Datum von Kurt Tucholsky, handschriftliche Antworten auf dieser Notiz von Siegfried Jacobsohn (unveröffentlicht)

es ist das ein rein persönliches: Brief an Maximilian Harden vom 12.6. 1927, Ausgewählte Briefe, S. 142 (Politische Briefe, S. 93)

Das Eigentliche für den Großstadtmenschen: Unser ungelebtes Leben, S. 46

Wie man ja denn von einer Frau: Unser ungelebtes Leben, S. 58

Bleib da und folgende Zitate: Unser ungelebtes Leben, S. 189, S. 196, S. 199

Was es ist, weiß ich nicht: Unser ungelebtes Leben, S. 296f

aber, kleine Meli: Unser ungelebtes Leben, S. 114

Die Frau – zwei Paar Flügel: Edmond und Jules de Goncourt, Blitzlichter. Porträts aus dem 19. Jahrhundert. Franz Greno, Nördlingen 1989, S. 305

Ich mag die Männer nicht leiden: Unser ungelebtes Leben, S. 114

Ich entbehre meine Mutter heute noch: Unser ungelebtes Leben, S. 205

Du hast von nun an nur einen Beruf: Volker Hauff, Mordfall Eurydike, Der Spiegel, Nr. 9/1989

Aber man darf dem Mond nicht böse sein: Unser ungelebtes Leben, S. 32

außerdem hat jeder sein Privat-Deutschland: Heimat, GW, Bd. 7, S. 313f

Da steht etwas von den Frauen: Die unterbrochene Rheinfahrt, GW, Bd. 1, S. 167f

Er ist damals vier Monate zu früh: Unser ungelebtes Leben, S. 301

nach heutigem Geldwert: Laut Hochrechnung Statistisches Bundesamt Wiesbaden

Dagegen konnte noch 1931 Richard Oelze: Renate Damsch-Wiehager, Richard Oelze, Bucher Verlag, München und Luzern 1989, S. 38–40

Sehr geehrte Herren: Brief ohne Datum (unveröffentlicht)

Ich bin heute vom Urlaub: Mary Tucholsky an Kurt Tucholsky (18. 8. 1923, unveröffentlicht)
Und das Herz voller Angst: Unser ungelebtes Leben, S. 333
ich müßte mich zerreißen: Mary Tucholsky an Kurt Tucholsky (27. 6. 1926, unveröffentlicht)
und dann weiß wieder: Mary Tucholsky an Kurt Tucholsky (8. 6. 1924, unveröffentlicht)
Aus Briefen kann man viel herauslesen: Mary Tucholsky an Kurt Tucholsky (5. 7. 1924, unveröffentlicht)
Nie war ich unglücklicher: Briefe an eine Katholikin, S. 76
sie hat es satt: Lisa Matthias an Erich Danehl (15. 11. 1928)
weil Leben nicht Teilnahmslosigkeit: Lisa Matthias an Erich Danehl (13. 8. 1931)
Ich will nicht bitter werden: Mary Tucholsky an Kurt Tucholsky (27. 11. 1926, unveröffentlicht)
Wenn Liebe das ist: Unser ungelebtes Leben, S. 546
Eintreten sollst du: Hej –!, GW, Bd. 7, S. 226ff (hier S. 226, S. 227, S. 230)
Ist dies nicht ein frevles Schicksalswalten: Christian Wagner, GW, Bd. 2, S. 47f
daß Mann und Frau: Q-Tagebücher, S. 163
Hasenclever und Sieburg glauben: Mary Tucholsky an Kurt Tucholsky (21. 1. 1927, unveröffentlicht)
Oss ist ein aussichtsloser Fall: Unser ungelebtes Leben, S. 516
Liebes Lottchen: Ich kann nicht schreiben, ohne zu lügen, S. 94f
immer wieder setzt sich: Mary Tucholsky an Kurt Tucholsky (November 1928, unveröffentlicht)
Hier ist es hübsch: Park Monceau, GW, Bd. 3, S. 378
Ich lese jetzt wieder viel französisch: Brief an Eduard Plietzsch vom 21. 11. 1925, Ausgewählte Briefe, S. 173 ff (hier S. 175)
Ich kann Ihnen nichts zeigen: Ich kann nicht schreiben, ohne zu lügen, S. 50
Es gibt natürlich nur eine Stadt: Briefe aus dem Schweigen, S. 50, S. 51, S. 52
Die Eigenschaften des Herrn: Der kaiserliche Statthalter, GW, Bd. 4, S. 95, S. 97
Dem der Krieg wie eine Badekur: Was nun –?, GW, Bd. 4, S. 106

Und hier ist alles gegen Frankreich: Brief an Fr. Matthes vom 18. 3. 1930. Zitiert aus dem bis 1989 unpublizierten Nachruf von Fr. Matthes: «Kurt Tucholsky: Testament an Frankreich», der anderswo nicht gedruckte Briefe Tucholskys verwendet. Das Dokument befindet sich im Arnold-Zweig-Archiv in Berlin (DDR). Siehe: Ich kann nicht schreiben, ohne zu lügen, S. 227–238

Der Fall Jacobsohn: Die Fackel, Nr. 686–690, Mai 1925

flotten Burschen und weitere Tucholsky-Kraus-Polemik: Die Fackel, Nr. 827–833, Februar 1930; Die Fackel, Nr. 845/46, Dezember 1930; Die Fackel, Bd. 85, Mai 1931–Mai 1932

Deutschland? Das war einmal: Unser ungelebtes Leben, S. 186, S. 187

– und ich mag nicht mehr: Unser ungelebtes Leben, S. 218

Es ist ein deutscher Philosoph: Unser ungelebtes Leben, S. 173

Hier ist beides miteinander vereint: Hans Mayer, Zur deutschen Literatur der Zeit, Zusammenhänge, Schriftsteller, Bücher. Rowohlt Verlag, Reinbek bei Hamburg 1967, S. 161 f; Das Lächeln der Mona Lisa, GW, Bd. 6, S. 320 f

Gestern war ich bei Monty: Mary Tucholsky an Kurt Tucholsky (26. 8. 1929, unveröffentlicht)

Es scheint mir eine Polemik: Beilage zu Kurt Tucholsky, Deutschland, Deutschland über alles, Rowohlt Verlag, Reinbek bei Hamburg 1973

Sie gebrauchen die Worte: Brief an Herbert Ihering vom 18. 10. 1929, Ausgewählte Briefe, S. 132 f (Politische Briefe, S. 85 f)

von der Anlage her asozialen Menschen: Brief an Hedwig Müller vom 28. 1. 1935 (unveröffentlicht)

Ich bin nicht am Leben: Unser ungelebtes Leben, S. 434, S. 435

Lottchen, mit dem Blättchen: Ich kann nicht schreiben, ohne zu lügen, S. 93

Und ich habe nicht den Mut: Unser ungelebtes Leben, S. 436 f

Das Ideal: GW, Bd. 5, S. 269 f

Und was die W. B. betrifft: Mary Tucholsky an Kurt Tucholsky (11. 2. 1927, unveröffentlicht; nach erster Auslassung von Mary Tucholsky eine Zeile im Original geschwärzt)

In ein Hotel mit Dir zu gehen: Ich kann nicht schreiben, ohne zu lügen, S. 97

ich redigiere nicht mehr: Brief an George Grosz vom 7. 10. 1927 (unveröffentlicht)

Carl von Ossietzky geht: Für Carl v. Ossietzky. General-Quittung, GW, Bd. 10, S. 75ff

Lohnt es sich zu kommen?: Unser ungelebtes Leben, S. 537f

Die Frage ‹Deutschland› ist für mich gelöst: Q-Tagebücher, S. 350

Die Behandlung, die dieser tapfere Mann: Ich kann nicht schreiben, ohne zu lügen, S. 218

sitzt in Sachen der Intervention: Brief an Hedwig Müller vom 14. 10. 1935 (unveröffentlicht)

Es ist noch viel schlimmer: Brief an Hedwig Müller vom 25. 9. 1935 (unveröffentlicht)

Sag mal Lieschen: Brief an Hedwig Müller, Gertrud Elisabeth Dunant-Müller, deren Ehemann und Sohn (ohne Datum, unveröffentlicht)

Erbitte grauen Wintermantel: Telegramm an Gertrude Meyer vom 31. 10. 1932

Sahre mal: Brief an Hedwig Müller vom 13. 7. 1935 (unveröffentlicht)

Außerdem träume ich immerzu: Brief an Hedwig Müller vom 19. 7. 1935 (unveröffentlicht)

Aber links ist nichts: Briefe aus dem Schweigen, S. 78

Man muß sich schämen, Jude zu sein: Briefe aus dem Schweigen, S. 68

ich für meinen Teil: Brief an Walter Hasenclever vom 7. 10. 1934, Ausgewählte Briefe, S. 288 (Politische Briefe, S. 53)

Die Welt, für die wir gearbeitet haben: Brief an Walter Hasenclever vom 15. 12. 1934, Ausgewählte Briefe, S. 293 (Politische Briefe, S. 58); Brief an Walter Hasenclever ohne Datum, Ausgewählte Briefe, S. 304 (Politische Briefe, S. 69)

es ist ja ein bißchen kindisch: Briefe aus dem Schweigen, S. 98

Das bedeutet dann in fünf Jahren: Briefe aus dem Schweigen, S. 131

Immer stärker bis zur Gewißheit: Brief an Walter Hasenclever, [Juli 1934?], Ausgewählte Briefe, S. 279 (Politische Briefe, S. 44)

Rußland wird, wenn Deutschland gesiegt hat: Q-Tagebücher, S. 189

Man muß von vorn anfangen: Brief an Arnold Zweig vom 15. 12. 1935, Ausgewählte Briefe, S. 338 (Politische Briefe, S. 122)
Ich kann mir nicht denken: Briefe aus dem Schweigen, S. 198
warum ich so einen Brief: Q-Tagebücher, S. 62
wer einmal marxistisch denken gelernt hat: Briefe aus dem Schweigen, S. 78
Hier ist die ganze Hohlheit der ‹Linken›: Q-Tagebücher, S. 117
wie dieser Koloß: Q-Tagebücher, S. 234
politische Erfüllung von Ideen: Thomas Mann, Europäische Hörer! Radiosendungen nach Deutschland 1940–1945. Verlag Darmstädter Blätter, Darmstadt 1986, S. 40
gegen den Auswurf der Hölle: Joseph Roth, Briefe 1911–1939. Herausgegeben und eingeleitet von Hermann Kesten. Kiepenheuer & Witsch Verlag, Köln und Berlin 1970, S. 286, S. 287
1913 habe ich an eine ‹Kinomüdigkeit›: Ich kann nicht schreiben, ohne zu lügen, S. 186
Sage dem Syndikus: Briefe aus dem Schweigen, S. 119
Immer suchen, ist nicht schön: Q-Tagebücher, S. 281
Man muß den Menschen positiv kommen: Q-Tagebücher, S. 326
kein Bolschewist: Q-Tagebücher, S. 166
Man siegt nicht mit negativen Ideen: Q-Tagebücher, S. 184
Zu L'Ordre Nouveau vergleiche: Tendances Politiques dans la vie française depuis 1789. Librairie Hachette, Paris 1960
Erlaube bitte, daß ich für einen sozialen: Ich kann nicht schreiben, ohne zu lügen, S. 170
Ich habe mir aus dem Ordre Nouveau: Brief an Gertrud Elisabeth Dunant-Müller (unvollständig, ohne Datum, unveröffentlicht)
Der ‹O. N.› ist eben doch noch sehr blutleer: Briefe aus dem Schweigen, S. 106
Ich für mein Teil: Brief an Walter Hasenclever [ohne Datum], Ausgewählte Briefe, S. 254 (Politische Briefe, S. 19)
Lesen Sie, wenn Sie Geduld haben: Brief an Walter Hasenclever [ohne Datum], Ausgewählte Briefe, S. 303 (Politische Briefe, S. 68)
Etzliche Gedanken den Herrn Casanova betreffend: Republik wider Willen, S. 444

Seite 111 bis Seite 121

Natürlich hat die Lehre: Briefe aus dem Schweigen, S. 99
Es gibt keine geistige Position: Q-Tagebücher, S. 184
Kern des verächtlichen: Q-Tagebücher, S. 169, S. 160
Das Erlebnis der Erlebnisse: Briefe aus dem Schweigen, S. 211
Im übrigen sagen alle: Briefe aus dem Schweigen, S. 217
Über die bolitischen Verhältnisse: Brief an Hedwig Müller vom 24. 8. 1935 (unveröffentlicht)
Wenn du aufwärts gehst: Es gibt keinen Neuschnee, GW, Bd. 9, S. 174f
Er ging leise aus dem Leben fort: Sudelbuch (unveröffentlicht)
Die Liebe der Wiederholung: Søren Kierkegaard, Wiederholung. Ein Versuch in der experimentierenden Psychologie von Constantin Contantis. Zweite, verbesserte Auflage, Jena 1909, S. 119
Und es gibt keine tiefere Sehnsucht: Rheinsberg, GW, Bd. 1, S. 67
Göttliche Trauer: Georg Heym, An Hildegard K. (Deine Wimpern, die langen...). Dichtungen und Schriften, Gesamtausgabe. Herausgegeben von Karl Ludwig Schneider. Verlag Heinrich Ellermann, Hamburg 1964, S. 316
Hoffnung ist eine neue Kleidung: Søren Kierkegaard, a. a. O., S. 119
Und doch war sie die Geliebte: Søren Kierkegaard, a. a. O., S. 125
Wenn man nicht ein hinreißender: Briefe aus dem Schweigen, S. 237
Mit Doktrin meine ich so: Briefe aus dem Schweigen, S. 244f
Und da es auf der Welt: Q-Tagebücher, S. 233
Wer nicht leben kann: Q-Tagebücher, S. 235
Ich bin überzeugt: Briefe aus dem Schweigen, S. 124
So leid es mir tut: Briefe aus dem Schweigen, S. 73
Tiere und Kinder sind glücklich: Briefe aus dem Schweigen, S. 240
daß Mann und Frau immer: Q-Tagebücher, S. 163
ich habe eine Aussprache sehr nötig: Brief an Walter Hasenclever vom 9. 11. 1935, Ausgewählte Briefe, S. 305f (Politische Briefe, S. 70f)
Mensch, wenn sie es doch täten: Briefe aus dem Schweigen, S. 150
Die Frau allein: Sudelbuch (unveröffentlicht)

Seite 121 bis Seite 132

Hitler hat mal geschrieben: Brief an Gertrud Elisabeth Dunant-Müller (unvollständig, ohne Datum, unveröffentlicht)

Die These Heinrich Manns: Brief an Walter Hasenclever vom 5. 1. 1934, Ausgewählte Briefe, S. 275 (Politische Briefe, S. 40); Brief an Walter Hasenclever vom 7. 10. 1934, Ausgewählte Briefe, S. 288 (Politische Briefe, S. 53)

Vorgestern haben wir hier einen Radio: Brief an Walter Hasenclever vom 4. 3. 1933, Ausgewählte Briefe, S. 247 (Politische Briefe, S. 12)

ich mag nicht gegen Hitler: Ich kann nicht schreiben, ohne zu lügen, S. 72

Wenn du zur Arbeit gehst: Augen in der Großstadt, GW, Bd. 8, S. 69f

Der Mann mit der Mappe: GW, Bd. 5, S. 146

Der Pfau: GW, Bd. 5, S. 262

Chef-Erotik: GW, Bd. 5, S. 213

Banger Moment bei reichen Leuten: GW, Bd. 6, S. 34

Ich erkenne immer mehr: Briefe aus dem Schweigen, S. 93

Das sieht man an England: Briefe aus dem Schweigen, S. 73

Ein Jude, der nun noch: Q-Tagebücher, S. 185

Markuse erzählte gestern: Klaus Mann, Tagebücher 1931–1933. Herausgegeben von Joachim Heimannsberg, Peter Laemmle und Wilfried E. Schoeller. edition spangenberg, München 1989, S. 30

durch Hessen gereist ist: Q-Tagebücher, S. 178, S. 179

Sie sagen es nicht: Briefe aus dem Schweigen, S. 68

Denn Sie hatten von den deutschen Juden: Arnold Zweig an Kurt Tucholsky (16. 1. 1936). Sammlung Kurt Tucholsky, Akademie der Künste, Berlin

ich werde nie in einer andern Sprache: Brief an Walter Hasenclever vom 12. 7. 1933, Ausgewählte Briefe, S. 263 (Politische Briefe, S. 28)

Hinter der Sprache von Paul Celan: Edmond Jabès, Des verstorbenen Freundes gedenkend. In: Frankfurter Allgemeine Zeitung vom 22. April 1989

es ist die Verwandtschaft des Schreibens: Michel Foucault, Wen kümmert's, wer spricht. Schriften zur Literatur, Suhrkamp Verlag, Frankfurt am Main 1988

Seite 134 bis Seite 139

Seit vierzehn Jahren sporadisch: Briefe aus dem Schweigen, S. 183f

Stäbchen in die Nase: Briefe aus dem Schweigen, S. 189f, S. 192

Daß übrigens mit guten Vorsätzen: Brief an Hedwig Müller vom 6. 8. 1935 (unveröffentlicht)

Ich sage zu allem nur Nein: Briefe aus dem Schweigen, S. 167

Alles, was ich hier schreibe: Q-Tagebücher, S. 309

ich für meinen Teil: Brief an Walter Hasenclever vom 7. 10. 1934, Ausgewählte Briefe, S. 288 (Politische Briefe, S. 53)

der wie ewig gejagt war: Unser ungelebtes Leben, S. 546

Namenregister